应急物流前沿：
匮乏理论研究与应用

王熹徽 樊彧 著

科学出版社
北京

内 容 简 介

本书主要介绍应急物流研究中的前沿理论——匮乏理论的基础、发展以及相关应用。应急物流的根本目标是尽可能地减少灾民因缺乏应急物资所感受到的痛苦,而匮乏理论直接衡量了这种痛苦,并以灾民的感受作为应急物流行动效果的衡量指标,这与我国"以人为本"的救灾理念相符合。本书首先根据现有文献介绍匮乏理论的基础以及研究现状;其次基于作者及其研究团队的实地调研介绍匮乏理论的测量方法和函数构建,并在此基础上建立应急物流决策模型框架;最后,作者选取团队近年来所做的基于匮乏理论的四项研究来展示其实际应用。

本书系统性地梳理了匮乏理论的研究与发展,并指出了未来的研究方向,既有助于应急物流专业的初学者了解该领域的理论前沿发展,也有助于启发感兴趣的相关专家学者进一步开展研究。

图书在版编目(CIP)数据

应急物流前沿:匮乏理论研究与应用 / 王熹徽,樊彧著. -- 北京:科学出版社,2025. 6. -- ISBN 978-7-03-082443-1

Ⅰ.F252.1

中国国家版本馆 CIP 数据核字第 2025R1R690 号

责任编辑:陶 璇 / 责任校对:张亚丹
责任印制:张 伟 / 封面设计:有道文化

科 学 出 版 社 出版
北京东黄城根北街 16 号
邮政编码:100717
http://www.sciencep.com

北京富资园科技发展有限公司印刷
科学出版社发行 各地新华书店经销

*

2025 年 6 月第 一 版 开本:720×1000 1/16
2025 年 6 月第一次印刷 印张:10 1/4
字数:210 000

定价:116.00 元
(如有印装质量问题,我社负责调换)

前　言

应急物流是我国防灾抗灾体系建设的重要组成部分。习近平总书记在中国共产党第二十次全国代表大会上所作的报告中强调，完善国家应急管理体系，建立大安全大应急框架，提高防灾减灾救灾和重大突发公共事件处置保障能力，加强国家区域应急力量建设[①]。2021 年国务院印发的《"十四五"国家应急体系规划》也指出，需要"加快建立储备充足、反应迅速、抗冲击能力强的应急物流体系"。可以看出，应急物流正逐渐成为国家重点投入建设的学科与研究领域，具有良好的发展前景。

应急物流研究是兼具经济和社会双重属性的交叉复杂性研究，是运作管理领域近年来研究的重点发展方向之一。由于其起步晚、发展时间较短，目前正处于构建专属理论与方法的关键阶段。匮乏理论作为该领域的前沿理论，量化了灾民因缺乏应急物资所感受到的痛苦，契合了应急物流的根本目标，改变了传统商业物流常用的利润最大化或成本最小化的研究范式，体现了"以人为本"的思想理念，为我国"人民至上"的国家治理体系及治理能力提供灾害应急运作管理领域的理论与方法上的支持。

在上述背景下，本书总结和梳理了王熹徽教授、樊彧特任副研究员及其研究团队近十年的研究成果，详细地介绍了匮乏理论的基础、发展以及相关应用，并指出了未来的研究方向。具体而言，本书分为上下两篇。上篇主要介绍匮乏理论基础，首先综述匮乏理论的研究现状，然后分别从匮乏成本和匮乏水平两种量化人类痛苦的指标出发，介绍其测量和函数构建方式，并在此基础上建立应急物流决策模型框架。下篇主要介绍匮乏理论应用，分别从应急物资采购、应急物资运输、应急设施选址与路径规划以及应急物资调度这四个应急物流环节讨论如何基于匮乏理论构建应急物流绩效评价体系并辅助应急物流决策。本书具有一定的专业性，主要面向应急物流专业以及具有一定应急物流知识基础的读者，既有助于应急物流专业的初学者了解该领域的理论前沿发展，也有助于启发感兴趣的相关专家学者进一步开展研究。

本书由中国科学技术大学王熹徽教授与樊彧特任副研究员负责撰写，其研究团队的博士研究生朱安琪以及硕士研究生陈子凯参与了本书的撰写工作。本书的

---

① 习近平：高举中国特色社会主义伟大旗帜　为全面建设社会主义现代化国家而团结奋斗——在中国共产党第二十次全国代表大会上的报告. [2022-10-25]. https://www.gov.cn/xinwen/2022-10/25/content_5721685.htm.

撰写依托应急仓储物流与救灾物资保障应急管理部重点实验室,并得到了国家自然科学基金面上项目"基于匮乏理论的灾害运作管理痛苦量化方法和优化模型研究"(编号：72071189)以及国家自然科学基金青年项目"复杂应急物流供应链网络的结构化分析与运作优化"(编号：72201255)的支持。中国科学技术大学梁樑教授和邵建芳博士、华北科技学院燕波涛院长、应急管理部紧急救援促进中心雷宇主任在本书写作过程中提供了宝贵的指导意见。在本书出版之际,我们谨向以上单位和专家表示衷心的感谢。

由于作者水平所限,书中的不足之处在所难免,恳请同行和广大读者批评指正。

王熹徽　樊　彧

2024 年 11 月

目　　录

上篇　匮乏理论基础

第一章　灾害应急管理与应急物流 ⋯⋯⋯⋯⋯⋯⋯⋯⋯⋯⋯⋯⋯⋯⋯ 3
　第一节　灾害应急管理 ⋯⋯⋯⋯⋯⋯⋯⋯⋯⋯⋯⋯⋯⋯⋯⋯⋯⋯ 3
　第二节　应急物流 ⋯⋯⋯⋯⋯⋯⋯⋯⋯⋯⋯⋯⋯⋯⋯⋯⋯⋯⋯⋯ 4
　第三节　本章小结 ⋯⋯⋯⋯⋯⋯⋯⋯⋯⋯⋯⋯⋯⋯⋯⋯⋯⋯⋯⋯ 11

第二章　匮乏理论及其研究发展 ⋯⋯⋯⋯⋯⋯⋯⋯⋯⋯⋯⋯⋯⋯⋯ 12
　第一节　匮乏理论简介 ⋯⋯⋯⋯⋯⋯⋯⋯⋯⋯⋯⋯⋯⋯⋯⋯⋯⋯ 12
　第二节　理论发展现状 ⋯⋯⋯⋯⋯⋯⋯⋯⋯⋯⋯⋯⋯⋯⋯⋯⋯⋯ 15
　第三节　研究应用现状 ⋯⋯⋯⋯⋯⋯⋯⋯⋯⋯⋯⋯⋯⋯⋯⋯⋯⋯ 16
　第四节　本章小结 ⋯⋯⋯⋯⋯⋯⋯⋯⋯⋯⋯⋯⋯⋯⋯⋯⋯⋯⋯⋯ 25

第三章　匮乏成本的测量方法与函数构建 ⋯⋯⋯⋯⋯⋯⋯⋯⋯⋯⋯ 28
　第一节　匮乏成本的测量方法 ⋯⋯⋯⋯⋯⋯⋯⋯⋯⋯⋯⋯⋯⋯⋯ 28
　第二节　问卷设计与调研 ⋯⋯⋯⋯⋯⋯⋯⋯⋯⋯⋯⋯⋯⋯⋯⋯⋯ 30
　第三节　函数构建与性质分析 ⋯⋯⋯⋯⋯⋯⋯⋯⋯⋯⋯⋯⋯⋯⋯ 32
　第四节　本章小结 ⋯⋯⋯⋯⋯⋯⋯⋯⋯⋯⋯⋯⋯⋯⋯⋯⋯⋯⋯⋯ 33

第四章　匮乏水平的测量方法与函数构建 ⋯⋯⋯⋯⋯⋯⋯⋯⋯⋯⋯ 35
　第一节　匮乏水平的测量方法 ⋯⋯⋯⋯⋯⋯⋯⋯⋯⋯⋯⋯⋯⋯⋯ 36
　第二节　问卷设计与调研 ⋯⋯⋯⋯⋯⋯⋯⋯⋯⋯⋯⋯⋯⋯⋯⋯⋯ 37
　第三节　GPC 问题与统计结果分析 ⋯⋯⋯⋯⋯⋯⋯⋯⋯⋯⋯⋯⋯ 40
　第四节　NRS 问题与统计结果分析 ⋯⋯⋯⋯⋯⋯⋯⋯⋯⋯⋯⋯⋯ 45
　第五节　再次调研测量匮乏水平 ⋯⋯⋯⋯⋯⋯⋯⋯⋯⋯⋯⋯⋯⋯ 48
　第六节　本章小结 ⋯⋯⋯⋯⋯⋯⋯⋯⋯⋯⋯⋯⋯⋯⋯⋯⋯⋯⋯⋯ 50

第五章　基于匮乏理论的应急物流决策模型构建 ⋯⋯⋯⋯⋯⋯⋯⋯ 52
　第一节　影响应急物流决策模型分类的因素 ⋯⋯⋯⋯⋯⋯⋯⋯⋯ 52
　第二节　以情境为导向的应急物流决策模型分类 ⋯⋯⋯⋯⋯⋯⋯ 55
　第三节　基于匮乏理论的应急物流决策模型框架构建 ⋯⋯⋯⋯⋯ 58
　第四节　本章小结 ⋯⋯⋯⋯⋯⋯⋯⋯⋯⋯⋯⋯⋯⋯⋯⋯⋯⋯⋯⋯ 61

下篇　匮乏理论应用

第六章　运用匮乏理论衡量应急物资采购协议的缺货成本 ……… 65
 第一节　背景介绍 ……… 65
 第二节　模型构建 ……… 67
 第三节　算例分析 ……… 73
 第四节　本章小结 ……… 78

第七章　运用匮乏理论评价奖金激励下应急物资运输的效果与效率 ……… 80
 第一节　背景介绍与相关文献 ……… 80
 第二节　基于匮乏水平理论的绩效评估体系 ……… 82
 第三节　包含奖金激励的固定框架协议 ……… 83
 第四节　案例分析 ……… 91
 第五节　本章小结 ……… 96

第八章　运用匮乏理论构建选址-路径规划问题的目标函数 ……… 98
 第一节　背景介绍 ……… 98
 第二节　文献综述 ……… 100
 第三节　问题描述与模型构建 ……… 102
 第四节　数值算例 ……… 107
 第五节　案例分析 ……… 114
 第六节　本章小结 ……… 116

第九章　运用匮乏理论协助应急物资区域调度决策 ……… 117
 第一节　背景介绍与相关文献 ……… 117
 第二节　基于多智能体的应急物流优化模型构建 ……… 119
 第三节　应急物资区域调度策略设计 ……… 122
 第四节　仿真系统设计 ……… 125
 第五节　仿真结果分析 ……… 128
 第六节　本章小结 ……… 136

第十章　总结与展望 ……… 138

参考文献 ……… 141
附录 ……… 153

上 篇

匮乏理论基础

第一章 灾害应急管理与应急物流

第一节 灾害应急管理

从古至今，灾害都是人民生命财产安全的重大威胁，防灾抗灾也是历朝历代的重要课题。近年来，国家对应急体系建设、防灾减灾工作越来越重视。2016年12月的《中共中央 国务院关于推进防灾减灾救灾体制机制改革的意见》指出，近年来，在党中央、国务院坚强领导下，我国的防灾减灾救灾工作取得重大成就，国家综合减灾能力明显提升，但我国面临的自然灾害形势依然复杂严峻，防灾减灾救灾机制有待完善。该意见提出了健全统筹协调体制、健全属地管理体制、完善社会力量和市场参与机制、全面提升综合减灾能力、切实加强组织领导的要求，全面推动了我国防灾减灾救灾体制机制的改革。紧接着，2017年1月12日，国务院办公厅印发了《国家突发事件应急体系建设"十三五"规划》，指出我国在"十二五"期间的突发事件应急体系建设取得重要进展，防范和应对突发事件综合能力显著提升，而"十三五"时期是我国全面建成小康社会的决胜阶段，党中央、国务院把维护公共安全摆在更加突出的位置，我国突发事件应急体系建设面临新的发展机遇。2018年3月，十三届全国人大一次会议批准了国务院机构改革方案，正式设立了中华人民共和国应急管理部，标志着应急管理已经成为我国国家治理体系和治理能力建设的重要组成部分。国务院印发的《"十四五"国家应急体系规划》则指出，虽然"十三五"时期我国应急管理体系不断健全，应急救援效能显著提升，但随着工业化、城镇化持续推进，我国中心城市、城市群迅猛发展，人口、生产要素更加集聚，灾害事故发生的隐蔽性、复杂性、耦合性进一步增加，防控难度不断加大，需要积极推进应急管理体系和能力现代化。可以看出，在灾害日益频发的今天，应急管理体系建设的重要性也日渐提高，应急管理也逐渐成为国家重点投入建设的学科与研究领域。

伴随着国家的高度重视，灾害应急管理的研究也日渐成熟。事实上，国际上灾害应急管理的相关研究从21世纪初期开始出现，主要围绕应急物流、应急物流供应链等具体研究领域，以 Van Wassenhove 为代表的专家学者首先对此展开了深入研究，为灾害应急管理研究的发展奠定了坚实的基础[1,2]。近些年，国际灾害应急管理相关研究进入了井喷式的发展时期，为了契合该领域的发展，国际知名管理学期刊 *Production and Operations Management* 和 *Journal of Operations*

Management 分别成立了灾害应急管理部门以处理该领域的文章。相比之下，我国的灾害应急管理研究发展独立于国际相关研究，例如，2003年"非典"疫情暴发后，我国第一次提出了应急物流的概念[3]。2008年，我国接连发生了南方雪灾、汶川地震等灾害，导致灾害应急管理受到了社会各界的空前关注，随后更是进入了蓬勃发展的时期，尤其是近年的新冠疫情的暴发，再次使应急管理主题相关的论文数量出现爆发式增长。

通过回顾灾害应急管理的发展历程可以发现，无论是从研究还是实践的角度来看，应急物流都是灾害应急管理中十分重要、必不可少的部分，两者关联十分紧密。因此，本书主要在应急物流的框架下进行进一步的研究与讨论。

第二节　应急物流

应急物流首次作为国家政策指导文件内容出现于国务院2009年印发的《物流业调整和振兴规划》中，该规划提出建设"应急物流工程"。此后，应急物流作为现代物流业发展的内容多次出现在国务院、国家发展和改革委员会颁布的文件中。2017年国务院办公厅印发的《国家突发事件应急体系建设"十三五"规划》，明确提出"建立健全应急物流体系，充分利用国家储备现有资源及各类社会物流资源，加强应急物流基地和配送中心建设，逐步建立多层级的应急物资中转配送网络；大力推动应急物资储运设备集装单元化发展，加快形成应急物流标准体系，逐步实现应急物流的标准化、模块化和高效化"。自此，应急物流脱离了传统物流的范畴，成为我国应急管理体系建设的内容之一。2021年3月第十三届全国人民代表大会第四次会议批准通过的《中华人民共和国国民经济和社会发展第十四个五年规划和2035年远景目标纲要》指出，应"加快建立储备充足、反应迅速、抗冲击能力强的应急物流体系"。

一、应急物流行动的特性

应急物流行动作为应对突发事件的特殊物流活动，具有以下几种特性。

（一）强社会性与弱经济性

应急物流的本质目的不是营利，而是为了尽可能地保障受灾群众的生命安全，减轻受灾群众的痛苦。无论是灾民生存所必需的生命保障类物资，还是为了救治伤员、防止疫病传播的医疗防控类物资，抑或是用来重建家园的机械工程类物资，它们的最终用途都是满足社会利益而非经济利益。而且，在应急物流行动中，一般不会因为成本太高而放弃某一部分灾民；相反，在面对重大自然灾害或严重突发事件的情况下，为了尽可能保障更多人的生命安全，甚至可以不计成本。以上种种皆表明，在应急物流行动中，相比于经济利益，社会利益的优先级明显更高，因此应急物流行动具有强社会性与弱经济性。值得注意的是，弱经济性并不意味着完全不考虑经济因素，在应急物流行动中，成本和预算仍然是很重要的规划目标与约束条件。

（二）高不确定性

并不是所有应急物流行动都具有突发性，有许多自然灾害是可以预测的，例如，台风、火山喷发等。但是，几乎所有应急物流行动都具有高不确定性，这不仅体现在灾害发生的时间上，同时也体现在其他各个方面，如灾害发生地点、规模（影响范围）、破坏力等。而且，随着灾害态势的发展以及应急物流行动的进展，灾民对应急物资的需求、灾区道路交通情况、天气等因素也在不断地发生着变化，这也是不确定性的体现。因此，为了尽可能减少这种不确定性带来的损失，应当尽可能地做好准备工作，并且加强各部门之间的协调合作与信息沟通，这样有利于在灾害发生后尽快响应并且统筹规划，随机应变。

（三）时间敏感性

之所以将应对突发事件的物流活动称为应急物流行动，就是因为在处理和应对突发事件时需要考虑时间敏感性。简而言之，在应对突发事件时，响应速度越快，就越能够减少突发事件造成的损失，阻止事态恶化，同时减轻灾民的痛苦，更好地保障灾民的安全。应急物流的时间敏感性会随着时间的推移而产生变化，在灾害发生初期，时间敏感性很高，早一点将应急物资送达就可能挽回巨大的损失；而随着时间的推移和应急救援工作的逐步进行，应急物流的时间敏感性会不断降低，直到最后与传统物流趋于一致。

（四）多样性与复杂性

应急物流的多样性体现在多个方面，如突发事件的种类多样，应急物流的参与者多种多样，应急物资的种类、运输方式多种多样等。这种多样性会使应急物流的结构变得复杂，从而大大增加统筹和协调的难度，这就是应急物流的复杂性。应急物流的高度不确定性也加剧了应急物流的复杂性。

二、应急物流与传统商业物流的差别

应急物流与传统商业物流存在着很大的区别，这一点早已成为国内外研究者的共识。许多在应急物流领域具有重要影响的文章或书籍[1, 2, 4, 5]都对应急物流与传统商业物流做出了区分。总结而言，应急物流与传统商业物流之间的区别主要体现在以下几个方面。

(一) 根本目的

传统商业物流作为商业的一部分，其根本目的是谋取利益，因此在考虑传统商业物流问题时，一般致力于最大化可获得的利润或者最小化相应的成本，对于成本过高或者性价比过低的运输任务可以选择放弃。相比之下，应急物流的根本目的是尽可能地减少突发事件带来的损失，减轻受灾群众的痛苦，尽可能地保证受灾群众的生命安全。应急物流是非营利性的，不为追求利润，而更多的是一种责任，因此在考虑应急物流问题时一般致力于提高应急物流的效果或效率，降低应急物流的成本并不是最重要的。同时，不能因为将物资运往某些地方需要花费很高的成本（如由于道路阻塞而只能出动直升机）就将这些地方放弃。这是传统商业物流和应急物流最本质的区别，同时也影响着解决相应物流问题时数学模型中的目标函数。

(二) 运作主体

传统商业物流的运作主体一般是企业，可能是独立的物流公司如顺丰快递、联邦快递等，也可能属于某些大公司的下辖事业部，如京东、亚马逊等。作为企业，它们有着各自的资金链条，通过提供物流服务赚取利润，维持企业的生存和发展。由于需要面临残酷的市场竞争，传统商业物流的运作主体往往具有丰富的运作管理经验。相比之下，应急物流的运作主体可能是政府或相关下属机构，也有可能是非政府组织如红十字会，它们一般都是非营利性组织，其资金来源主要依靠行政拨款或者社会募捐。由于突发事件并非经常发生，因此相较于企业而言，应急物流的运作主体，尤其是非政府组织，它们的运作管理经验往往不是非常充足，因此这类组织的传承性与信息交流十分重要，应当尽量避免在人员交替之后所有事务都需要重新摸索的情况。

(三) 运作情境

传统商业物流一般没有特定的运作情境，主要取决于其服务对象和服务内容，例如，在使用快递的时候往往可以选择花更多的费用追求运输速度，也可以选择尽量花较少的快递费用。同时，传统商业物流的需求往往是确定的，一般情况下也不会出现道路损毁、物资聚集等特殊情况。相比之下，应急物流则一般建立在突发事件的情境下，由于灾害具有不确定性和紧急性，一般要求应急物流要尽可能保持高效率，为此甚至可以不计代价。例如，汶川地震发生后，在"黄金72小时"救援期，为了确保食物、饮用水、医疗物资的供应，我国政府出动了大批量的直升机和军队，付出了高昂的成本。此外，应急物流的需求往往具有不确定性，且可能出现各种突发情况，这就要求应急物流具有更强的灵活性，能够做到随机应变。

（四）社会影响

传统商业物流的本质还是一种商业行为，本身不具有较强的社会属性，因此一般情况下造成的社会影响有限。然而，对于应急物流，尤其是针对重大自然灾害的应急物流行动，由于其本身与人民群众的生命安全息息相关，且十分容易受到媒体的关注，因此具有较强的社会属性，容易造成强烈的社会影响。

（五）其他方面

应急物流与传统商业物流的差别还表现在物资种类、运输方式等方面。例如，应急物流物资的种类往往分为基本生活保障物资、应急装备及配套物资、工程材料与机械加工设备这几大类，其中以基本生活保障物资为主，而传统商业物流的运输物资则主要取决于服务内容，理论上来说，只要是合法的物资均可运送，没有特别的侧重。此外，正常情况下，应急物流的运输方式与传统商业物流差别不大，一般包括车辆、火车、轮船、飞机等海、陆、空的交通运输方式；然而，当涉及复杂情况时，应急物流会采取一些特殊的运输方式，如在洪水多发的地区采用水陆两栖式的运输工具，在地形复杂的山地中采用无人机等。

三、应急物流的基本要素

从供应链的角度，应急物流的基本要素可以划分为：物资、信息、资金、人力和知识。这些要素具有同等的重要性，任何一项要素的短缺和不足都会对其他要素造成直接影响。例如，缺少足够的一线工作人员会造成应急物资的处理不及时，影响应急行动的绩效；缺少足够的信息导致的需求评估不准确会造成物资供应的短缺或冗余；物流专业知识的缺乏则会造成应急物流行动的效果不佳或资金浪费。因此，构建一个成功的应急物流供应链的关键在于，将上述要素进行充分整合，赋予其完备的运作能力。

（一）物资

物资是应急物流最为关键的要素，应急物流的目的就在于将恰当的物资在适当的时间运送至正确的地点。在应急行动初期，物资可能会被不计成本地从各地以各种方式运送至突发事件的发生地。在应急行动的后期，则需要同时考虑救援的绩效和相应的成本。值得注意的是，并非每一次突发事件都需要所有品类的应急物资，大量的无效或非关键物资反而可能成为物流系统的负担。因此有必要对应急物资进行监测和管理，以提高物流的效率和效果。

（二）信息

信息是设计、构建和管理应急物流系统的基础，包含数据收集、数据处理和信息传播等内容，需要考虑信息的准确性、时效性和可达性。即使在事前进行了充分的准备，突发事件发生时，信息的获取仍然存在难度，可获得的信息十分有限。应急行动初期，最重要的是了解受影响区域的实际情况和各类需求。在设计应急物流行动计划的过程中，信息对于解决满足民众的何种需求、如何满足这些需求等问题至关重要。此外，信息的共享也将极大地提升应急行动的效率，通过协调应急行动的各个参与方，避免重复和无效劳动。

（三）资金

资金在应急物流中占据着不可忽视的重要作用，几乎所有的物流活动都需要资金的支持，包括准备阶段的应急物资采购、储备和能力建设。虽然在大多数突发事件的应对过程中，各级政府都会不遗余力地为应急行动提供资金保障，社会组织甚至一般民众也会尽可能地奉献爱心积极捐款，但这些财政预算和慈善捐款往往被指定用于突发事件的响应工作，而在突发事件尚未发生的准备阶段所需要的日常训练和物资储备活动往往缺乏足够的资金支持。

（四）人力

将拥有合适技能的人员派遣到突发事件现场也是应急物流活动的重要一环。首先，需要有可被调动的人员，在很多突发事件情况下，原本被规划为应急管理一线力量的当地政府工作人员自身也可能变成突发事件的受害者，无法再投入应急处置工作之中。其次，仅有足够数量的人手仍无法确保应急物流活动的有效开展，具有专业知识和技能的应急物流专家才是应急行动成功的关键。目前而言，在我国专门从事应急物流相关工作的人才数量仍然无法满足当前应急管理体系和能力建设的发展需求。

（五）知识

知识作为应急物流其他4个要素的纽带，可以将物资、资金、信息和人力充分整合和调动起来形成合力，实现应急物流行动的效率最大化。应急物流管理的不同节点需要有不同类型的知识，这就要求各应急物流的参与方充分做好各类专业知识和技能的储备。同时应急响应过程本身也在创造新的知识，政府部门和社会组织有责任和必要去收集、整合和分享这些知识，以备后用。

四、应急物流的运作流程

从运作流程的角度，应急物流可划分为：筹措、储备、运输与调度、分配和发放等工作环节。从逻辑顺序来看，这些环节遵循一定的先后次序，但由于应急物流本身具有的不确定性和时间敏感性，在实践中可能存在多项工作并行甚至跳过某些环节的情况。因此，不能使用固化的思维来应对应急物流问题，而是需要在深入理解各个环节工作预期目的和实际内容的基础上，根据现实情况为各项物流工作安排优先次序或进行灵活组合。

其他工作环节如装卸、搬运、包装和加工等，虽然也是应急物流工作的一部分，但与传统物流中的类似环节的工作内容一致或极为类似，因此不在本书的讨论范围之内，建议有兴趣的读者参考物流管理方向的相关著作。

（一）筹措

应急物资的筹措是应急管理的物质基础，也是应急物流所有工作环节中最先遇到的基础工作。应急物资的筹措手段包括库存调拨、应急采购、临时征用和社会捐助等，与传统物流的物资筹措方式有很大的区别。

库存调拨是我国目前最主要的应急物资筹措手段，即从国家、地方或社会已有的应急物资储备库中通过行政命令的方式将物资调拨至受突发事件影响的地区。库存调拨的优点在于响应速度快、可操控性强、便于集中管理和统筹优化，但也存在建设费用高、储备种类有限和维护更新成本高等问题。

应急采购作为另一种重要的应急物资筹措手段，是通过合同的方式向相关企业购买未纳入应急储备或储备数量不足的物资。应急采购虽然是临时性突发行为，但也需要提前规划和预先准备，才能确保采购物资的品种、数量和质量达到所需标准。

临时征用是应急物资筹措的备用手段之一，征用的物资主要以建筑设施、特种设备和重型机械等为主，在极少数情况下可能出现对药品、食品和消耗品的临时征用。

社会捐助是西方国家采用的主要物资筹措手段，在我国主要起到补充作用。社会捐助存在资金捐助和实物捐助两种主要方式，捐助渠道包括通过政府、慈善机构等组织指定捐助接收部门或直接向受灾地区进行捐助两类。社会捐助在多次重大自然灾害应对过程中为灾区输送了大量物资，为缓解灾情和灾区恢复重建做出了巨大的贡献。但也要考虑到社会捐助，尤其是直接面向灾区的实物捐助存在实用价值低，质量难以得到保证和过多占用道路、仓库和人力等关键物流资源等问题。

（二）储备

储备是应急物流的另一项支柱性基本活动，相较于传统物流中的物资储存活动，应急物流的储备包含储存和准备两个方面的内容。储存是指有计划、有目的地将特定种类的应急物资保存在特定地点的储备库中，以便突发事件发生之后迅速有效地提供应急物资保障。准备则是指根据国家或区域的风险态势、自然条件和社会经济水平等因素，预先进行的符合本国或本区域特点的储存品种、储存数量、设施选址、供应商和服务商选择等详细计划。

目前我国应急物资的储备方式是以各级政府建设的应急物资储备库所进行的实物储备为主，辅以企业协议储备、社会组织储备、社区家庭应急储备等多种补充手段。针对2020年新冠疫情处置过程中出现的口罩和防护服等医疗物资短缺的问题，已有学者提出将企业产能储备也纳入应急物资储备体系之中的建议。

（三）运输与调度

应急物流的运输是指将应急物资或人员装备进行较长距离的空间移动，主要指从储备库或基地向突发事件受影响区域邻近的集散点或配送中心的大规模运输活动。不同于传统物流运输所关注的规模经济和距离经济，在应急物流中，更多考虑的是运送的物资数量规模和所需的时间，在应急行动开展的初期，常常不考虑成本问题。应急物流调度的涵盖面则更加广泛，既包括运输资源的调配、运输路线与方案的选择，也包含根据突发事件的变化情况，在短时间内对原有应急物资运输方案的调整或改变。由于应急物流具有高不确定性，及时、有效的调度直接关系到应急物流行动的最终效果，因此调度问题是应急物流中十分重要的应急决策问题。

综上所述，在应急物流管理中，调度工作的主要内容就是对已有的运输方案进行设计、调整和优化，由于运输与调度具有极为紧密的联系且难以进行明确的区分，所以在运作流程划分的过程中将两者进行了合并。

（四）分配

应急物流的分配是指按照特定的数量标准和优先级顺序将应急物资配置给多个需求点或需求对象的活动。由于传统物流受到服务对象的需求拉动牵引，因此只要满足需求本身即可实现物资的有效分配，而应急物流则需要主动满足受灾群众的需求，因此不同的分配原则可能会导致完全不同的行动效果。分配的原则包括完全平均分配、距离优先级分配、需求优先级分配等，需要根据分配的物资类型、服务对象和能力限制等因素选取最为恰当的分配原则，以最优化应急物流行动的效果。由于应急物流存在时间敏感性的特点，在进行分配方案的设计时，除需要考虑物资分配的数量外，还需要考虑分配的等候时间。同时还要注意，随着应急行动的进行和服务对象的需求变化，分配的原则和方案也要进行相应的调整以适应变化。

（五）发放

应急物流的发放是指将应急物资交付到最终服务对象——受灾群众手中的活动，解决的是物流的"最后一公里"问题，是应急物流服务端的最终阶段。与发放相对应的传统物流环节是配送，但由于应急物资的发放所涉及的手段和方式更为广泛，因此用发放一词描述此类活动更为恰当。目前应急物资的发放手段以领取为主，辅以针对特殊群体的配送。应急物资的发放点选址宜遵循就近原则，尽可能地靠近受灾群众的居住地和集中安置点。发放的频率需考虑物资的类型、消耗速度和供给能力等因素，一次性、分批或每日进行发放。

第三节 本章小结

毫无疑问，根本目的的不同是应急物流与传统商业物流最核心、最显著的差别。对于应急物流而言，灾民是应急行动服务的最终对象，应当尽一切可能减轻灾民的痛苦，满足灾民的需求，考虑灾民的感受，这与我国"以人为本"的救灾指导思想相契合。然而，在当前的灾害应急管理研究中，绝大多数研究仍然站在决策者的立场上考虑问题，很少有研究考虑灾民的感受，探讨灾民的痛苦感知，这可能导致应急行动的预期结果与实际情况产生偏差甚至背道而驰。Holguín-Veras 等[6]与 Wang 等[7]指出，现有的针对应急行动效力的目标函数大多从决策者的角度出发，无法反映灾民的痛苦感受随时间的非线性变化关系，导致结果并不能准确地刻画现实情况。Fehr 和 Schimdt[8]指出不公平厌恶（如嫉妒、愧疚等）会导致物资接收者效用的下降，这在相关的心理学与行为学试验中被证明具有重要的意义，但是这种基于灾民感受的影响被绝大多数应急管理研究所忽略。

在上述背景下，本书旨在介绍能够准确度量灾民痛苦感知的应急管理运作效果衡量指标，并从测量方法、目标函数构成、建模应用等方面进行详细阐述。相关研究有利于凸显灾害应急供应链与传统商业物流供应链之间的区别，促进理论与实践的统一，推动"以人民为中心"的灾害应急管理决策与运作。

第二章 匮乏理论及其研究发展

本章首先对匮乏理论进行简单的介绍，然后基于对匮乏理论的系统性综述对其研究现状与发展进行介绍与展望。

第一节 匮乏理论简介

在灾害应急管理的相关研究中，数学规划模型是一种重要的工具。通过数学规划的方法，建立优化模型，将应急管理问题及相关情境参数化、模型化，再通过求解模型得到最优解或者可行解。国际上，早在20世纪90年代，就有研究者使用数学规划建模的方法研究救灾过程中的选址问题[9]。时至今日，数学建模优化已经成为解决应急管理问题的主要方式，与之相关的文献综述已多达上千篇。然而，纵观这些年应急管理的发展历程，无论国内还是国际上的研究，在数学模型的目标函数上，几乎有着相同的发展轨迹。尽管研究者普遍认同应急管理运作的主要目标不是营利或者降低成本，而是为了在灾害发生时尽可能地保障灾民的生命安全，减轻灾民因为缺乏物资所造成的痛苦，但是体现在数学模型中，研究者始终没有在如何更好地衡量应急行动的效果上，达成统一的意见[4, 10]。以国际上的研究为例，在灾害应急管理研究的早期，研究者最先效仿传统的商业物流，以成本或利润作为目标函数[11, 12]。然而，研究者很快发现，应急物流与商业物流的环境在很多方面均有所区别，因此仅聚焦于成本类目标函数的数学规划模型会有一定的局限性[5]。为了更好地反映应急行动的本质目的，研究者提出了一系列用于衡量应急救援行动效果的目标函数，包括最大化需求覆盖面[13-15]、最小化运输时间[16, 17]以及最大化运输距离[18-20]等。然而，这些函数仍然无法刻画灾民的痛苦感受随时间的动态、非线性变化关系。例如，缺水8h所带来的痛苦感受可能远大于缺水4h所带来的痛苦感受，而不是简单的倍数关系。

简而言之，为了体现"以人民为中心"的应急管理核心思想，需要一个能够直接体现灾民由缺乏物资导致的痛苦感受的函数作为应急运作效果的衡量指标，并以此为基础构建应急物流决策模型的目标函数。Holguín-Veras等[4]首次将量化人类痛苦的概念引入灾害应急管理领域，提出了"匮乏成本"的概念，其定义为"由缺乏物资或服务导致的人类痛苦的经济量化指标"。Holguín-Veras等[4]首先区分了普通自然灾害和灾难，然后对比了传统商业物流供应链和应急物流供应链，

第二章 匮乏理论及其研究发展

指出了它们之间的几个不同之处,其中之一就是应急物流供应链中需要以社会成本代替传统的物流成本,而社会成本即为物流成本与匮乏成本之和。更进一步,Holguín-Veras 等[6]对匮乏成本的概念进行了详细的讨论与分析,他们从社会福利经济学以及心理学的角度首先说明了建立这个概念的基础,紧接着分析了匮乏成本的部分特征以及计量方式。他们认为,如图 2.1 的实线部分所示,灾民匮乏成本的累积应当是非线性的,随着时间的增长,匮乏成本的累积将会越来越快,一旦应急物资送达,灾民的匮乏成本将降为 0,等到这一批应急物资消耗完之后,灾民的匮乏成本将会从 0 开始重新增长。如果这批应急物资不足以满足灾民的全部需求,那么其匮乏成本会有一定程度的下降,之后在该批应急物资消耗完毕后重新上升。但是,在计量累积的匮乏成本的时候,应当将之前累积的匮乏成本全部算上,即虚线部分为最终灾民在此次灾难中所感受到的总体匮乏成本。此后,他们还通过几个算例具体说明了匮乏成本应该如何计量。这篇文章明确地提出了匮乏成本的理论基础、特征和计量方式,具有重要的意义,因此被认定为应急物流领域量化人类痛苦研究的开创性文章。

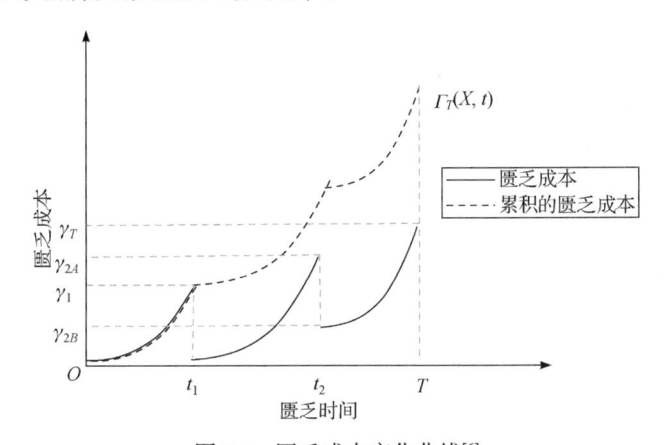

图 2.1 匮乏成本变化曲线[6]

t_1、t_2 表示物资运达的时间,T 表示总时间;纵坐标表示相对应的匮乏成本值,其中物资运达会导致匮乏成本值的衰减,例如,γ_{2A} 表示 t_2 时刻物资运达前的匮乏成本值,而 γ_{2B} 则表示 t_2 时刻物资运达后的匮乏成本值;$\Gamma_T(X,t)$ 表示最终 T 时刻累积的匮乏成本值

有了理论奠基和计量方式,接下来就是具体的应用。2016 年,Pérez-Rodríguez 和 Holguín-Veras[21]考虑了应急物资的仓储、分配和运输问题,他们建立了一个基于社会成本的模型并且通过一个算例研究了不同优先级的物资应当如何进行分配和运输。这篇文章的主要贡献在于他们将匮乏成本运用到了实际模型中,并且从一个单点对单点的基本模型推广到多点的复杂模型。随后,Holguín-Veras 等[22]以饮用水为研究对象,测量人们为了得到饮用水所愿意支付的代价(willingness to pay,WTP),例如,假设灾民缺水一天,询问他们愿意花费多少钱去购买饮用水,

得到匮乏成本随时间变化的函数，即匮乏成本函数。他们给出了基于饮用水的匮乏成本函数的具体形式和拟合曲线。至此，以匮乏成本为核心的量化人类痛苦的函数体系就基本建立起来了。

匮乏成本函数的优点在于它将人类的痛苦水平量化为经济指标，可以与物流成本直接加减，模型优化非常方便。但是，也正由于此，它存在一定道德上的争议，即通过经济指标衡量人类生命的价值。为了改进这个问题，Wang 等[7]于 2017 年提出了"匮乏水平"的概念，将匮乏成本的经济量化指标改成了无量纲的痛苦水平等级，避免了匮乏成本所面临的争议。根据 Wang 等[7]的描述，匮乏水平函数的测量方式与匮乏成本函数略有不同。匮乏水平函数的测量并不是基于人们愿意支付的代价，而是采用了另外一种称为数字评价量表（numerical rating scale，NRS）的方法。这种方法的好处在于其给出的结果是无量纲的等级而非经济指标，这也是匮乏水平函数的特点所在。匮乏水平函数的曲线是生长曲线，又称为 S 形曲线，表现出单调递增、非线性且先凸后凹的性质。该曲线大致上揭示了匮乏水平随时间推移的变化趋势，即在开始的时候迅速增长且增速越来越快，到达一定时间后增速放缓，最后趋于平缓。

匮乏成本与匮乏水平是目前应急管理领域匮乏理论的核心要素，两者各有优劣。匮乏成本的优势在于它本身是一个经济指标，可以与物流成本直接相加减，便于计算和分析，但是其测量难度大，且易受到经济、文化等因素的影响。相比之下，匮乏水平是一个无量纲的值，在计算和分析上较为麻烦，但是便于测量，且几乎不受经济、文化等外部因素的影响。表 2.1 简要列举了匮乏成本和匮乏水平的优劣，至于造成这些优缺点的具体原因，将在介绍匮乏成本与匮乏水平的测量时进行详细讨论。

表 2.1 匮乏成本与匮乏水平的比较

匮乏成本/水平	优势	劣势
匮乏成本	经济指标； 易于与物流成本加减、比较； 便于计算与分析	极易受测量地区经济、文化以及个人收入的影响； 不同地区的测量结果相差可能很大且难以比较； 数据收集方式复杂； 对受访者（填写问卷或接受调研的人）的文化程度和理解能力要求较高； 难以进行大规模的实证调研
匮乏水平	几乎不受地区经济、文化或个人收入等因素影响； 易于进行大规模的实证调研并将结果进行相互比较； 数据收集方式简单； 对受访者的文化程度和理解能力要求较低	无量纲的值； 难以与物流成本直接进行比较或者加减运算； 难以计算和分析

在简要地介绍了匮乏理论的相关概念后，接下来我们将对匮乏理论当前的研究发展现状进行系统性综述。在正式开始综述分析之前，首先简单介绍一下系统性综述的研究方法与文献来源。系统性综述通过一系列步骤或技术对特定主题的相关研究进行详细的鉴定，有利于最大限度地减小偏差。这种综述方法一般包含4个步骤：定义、搜索、筛选、整合。

定义指的是确定研究问题。我们将从以下4个研究问题入手对匮乏理论研究进行综述：①当前匮乏理论的最新理论成果是什么；②匮乏理论的建模应用前沿是什么；③匮乏理论的关键要素以及发展如何；④匮乏理论的未来研究应该如何进行。

我们在Web of Science和Google Scholar这两个常用的核心数据库中搜索了相关词条。经过筛选和整合，最终保留了65篇与匮乏理论和灾害应急管理高度相关的文章，通过精读这些文章，将其分类为理论型研究和建模应用型研究。其中，理论型研究主要包括新理论以及新的测量方法的提出，其中新理论或概念的提出、定义和分析性描述是理论发展的基础，而新技术、测量方法则为理论发展提供支撑与助力，这样的文章一共有10篇。建模应用型研究则主要包含相关理论的一系列应用，共55篇。本章的剩余部分将对这些研究进行系统性综述。

第二节　理论发展现状

灾害应急管理领域的研究者很早就意识到了灾害应急的根本目的在于减轻灾民的痛苦[23]。然而，测量灾民的痛苦并不是一件简单的事情，在匮乏成本的概念被提出之前，研究者一直苦于缺少一种可靠的测量方法。因此，大多数研究中只能采用一些代理指标，例如，经济惩罚项或者最小化未满足需求，这些指标显然不能完全体现匮乏的复杂属性。

如同本章第一节中所提到的，Holguín-Veras等[4, 6, 22]的一系列文章介绍并拓展了匮乏成本的概念。他们首先基于福利经济学对匮乏成本进行了详细的论述与定义，然后将匮乏成本与上述各种代理指标进行对比，在确保数据真实性的情况下验证了匮乏成本的优越性。紧接着，通过对经济学中常用的数据收集与评估方法进行研究与分析，研究者发现，条件评估法（contingent valuation method，CVM）以及陈述选择法（stated choice method，SCM）是比较合适的问卷调研设计与数据收集方法。Holguín-Veras等[22]首先采用条件评估法测量了饮用水的匮乏成本，并运用多元回归分析技术进行了数据处理，使用最小二乘法进行了函数拟合。随后，Cantillo等[24]、Macea等[25, 26]以及Delgado-Lindeman等[27]均采用了陈述选择法，配合离散选择模型来拟合匮乏成本函数。但是，他们的模型选择有所差异，Macea等[25]采用了多项式分对数模型（multinomial logit model），Cantillo等[24]采用了混合分对数模型（mixed logit model），Macea 等[26]使用了一种考虑混合潜在变量的离散选择模型，而 Delgado-Lindeman 等[27]则使用了多项式分对数以及混合分对数两种模型。除此以外，他们的研究侧重点也不尽相同。Macea 等[25]虽然在模型中考虑了社会经济学变量，但是并没有从个体差异化的角度进行统计学的分析；Cantillo 等[24]则在此基础上通过社会经济学变量和随机变量解释了部分个体偏好的异质性；Macea 等[26]和 Amaya 等[28]进一步考量了风险感知、安全性以及自信等心理学因素的异质性影响。Pernett 等[29]考虑了灾后灾民可能受到的心理创伤，指出不同场景下匮乏成本的测量也是有差异的，匮乏时间短时可以采用随机效用最大化理论，但匮乏时间较长时（超过48h），就应当采用随机后悔最小化理论进行测量。

除了在数据收集方法上的差异之外，相关研究也考虑了不同目标应急物资的匮乏函数。其中，Holguín-Veras 等[22]和 Macea 等[25]采用不同的方法拟合了饮用水的匮乏成本函数，Cantillo 等[24]、Macea 等[26]和 Pernett 等[29]则考虑了灾害应急的基础食物包（包括饮用水）的总体匮乏成本函数，Delgado-Lindeman 等[27]进一步考虑了不同健康状况和收入水平下的伤病人员的医疗服务匮乏成本，并且指出医疗服务的匮乏成本应当高于同样匮乏时间下饮用水与基础食物包的匮乏成本。

Wang 等[7]提出了匮乏水平的概念，他们采用了数字评价量表的方法收集数据并使用普通最小二乘回归进行匮乏水平函数的拟合。他们同时考虑了药品、食物和帐篷三种目标应急物资。

第三节　研究应用现状

本节将从以下三个方面对 55 篇建模应用类文章进行综述分析：①匮乏理论的使用方法以及目标应急物资；②对应的灾害类型、灾害阶段以及问题类型；③建模方法与算法。

一、匮乏理论的使用方法以及目标应急物资

匮乏理论最主要的使用方法是作为目标函数的一部分在数学模型中加以考量。例如，Cotes 和 Cantillo[30]通过最小化社会成本（包含匮乏成本）解决了灾前应急设施选址问题；Loree 和 Aros-Vera[31]则考虑了选址和库存分配问题，旨在减小社会总成本（包括匮乏成本、物流成本与其他成本）。类似的以最小化社会成本为目标的文章还包括 Paul 和 Zhang[32]、Kelle 等[33]、Khayal 等[34]以及 Yáñez Sandivari 等[35]的研究。另外，部分文章直接采用匮乏成本函数作为目标函数或多目标规划中的目标函数之一，例如，Huang 等[36]、Moreno 等[37]、Ni 等[38]、Lodree 等[39]和 Jamali 等[40]的文章。除此以外，匮乏函数有时还会用作绩效评价工具，如

Das 和 Hanaoka[41]构建了一种代理人基模型以解决应急物资的分配与运输问题，其中匮乏成本作为效果衡量指标，用于评估两种不同的车队运输方式的优劣；Diedrichs 等[42]基于 Holguín-Veras 等[22]提出的匮乏函数性质与曲线，拟合了死亡概率曲线；Cantillo 等[43]构建了考虑匮乏成本的应急交通网络脆弱性评估体系。

从目标应急物资的角度来看，饮用水、食物和医疗服务是较为常见的，有时它们会被进一步细分为饮料、罐头食品、易腐食物以及非易腐物资。其他的应急物资或服务还包括帆布床、油布、发电机、个人基础健康产品、卫生巾、交通服务、毯子等。表 2.2 列举了全部 55 篇文章以及对应的匮乏理论使用方法和目标应急物资的情况。

表 2.2　匮乏理论使用方法和目标应急物资的情况

文献	使用方法	目标应急物资
Yushimito 等[44]	目标函数	—
Kelle 等[33]	目标函数	水、罐头、帆布床、油布、发电机
Khayal 等[34]	目标函数	—
Huang 等[36]	目标函数	—
Pérez-Rodríguez 和 Holguín-Veras[21]	目标函数	多种应急物资
Pradhananga 等[45]	目标函数	—
Rivera-Royero 等[46]	目标函数	非易腐食物包、个人基础健康产品
Serrato-Garcia 等[47]	目标函数	食物和饮料；水和卫生巾；药物和医疗服务；避难所与个人需求
Condeixa 等[48]	目标函数	—
Lodree 等[39]	目标函数	医疗服务
Chakravarty[49]	目标函数	—
Lodree 和 Aros-Vera[31]	目标函数	—
Zhu 等[50]	目标函数	医疗服务
Yu 等[51]	目标函数	水
Ni 等[38]	目标函数	—
Yu 等[52]	目标函数	水
Moreno 等[37]	目标函数	食物、本地卫生设施、个人卫生包、医疗包、水
Chapman 和 Mitchell[53]	目标函数	—
Biswal 等[54]	目标函数	食物

续表

文献	使用方法	目标应急物资
Paul 和 Zhang[32]	目标函数	医疗服务
Cotes 和 Cantillo[30]	目标函数	基础食物包
Rivera-Royero 等[55]	目标函数	非易腐食物、卫生用品
Paul 和 Wang[56]	目标函数	医疗用品
Hu 和 Dong[57]	目标函数	水
Fard 等[58]	目标函数	交通运输服务
Wang 等[59]	绩效评价工具	食物
Das 和 Hanaoka[41]	绩效评价工具	—
Diedrichs 等[42]	绩效评价工具	水、食物、药品、帐篷、毯子
Gutjahr 和 Fischer[60]	绩效评价工具	易腐物资或医疗服务
Cantillo 等[43]	绩效评价工具	水
Gralla 等[10]	绩效评价工具	帐篷、水、食物、卫生用品
Sakiani 等[61]	目标函数	耐用应急物资包（帐篷、毯子）；消耗品应急物资包（罐头食品、饮用水）
Chang 等[62]	目标函数	—
Diehlmann 等[63]	目标函数	—
Zhang 等[64]	目标函数	—
Chakravarty[65]	绩效评价工具	—
Ismail[66]	目标函数	食物、卫生用品包
Jamali 等[40]	目标函数	医疗用品
Malmir 和 Zobel[67]	目标函数	口罩、洗手液、呼吸机
Pineda-Martinez 等[68]	目标函数	KN-95 口罩
Yu 等[69]	目标函数	—
Zhang 和 Cui[70]	目标函数	水、食物、医疗包
Diehlmann 等[71]	目标函数	水
Giedelmann 等[72]	目标函数	水
Lima 等[73]	绩效评价工具	食物
Sun 等[74]	目标函数	医疗设施
Fan 等[75]	目标函数	呼吸机

续表

文献	使用方法	目标应急物资
Leyla 等[76]	目标函数	水、食物
Guo 和 Zhu[77]	目标函数	水
Liao 等[78]	绩效评价工具	水
Liu 等[79]	目标函数	食物
Yáñez Sandivari 等[35]	目标函数	水
Shao 等[80]	目标函数	水
Fan 等[81]	目标函数	水
Sarid 等[82]	目标函数	电力

二、对应的灾害类型、灾害阶段以及问题类型

匮乏理论被广泛地应用于应对各种类型的灾害，最常见的灾害类型为地震、台风和洪水，也有很多的文献并未具体指明是针对哪种类型的灾害，而是为广义上的灾害提供决策支持。其中，数值实验和真实案例分析往往被用于验证数学模型的可行性和实用性。可以看出，一般具体指出灾害类型的文献倾向于使用真实案例分析方法，而针对广义上的灾害提供决策支持的文献则大多数采用数值实验的方法。从文献回顾中我们发现，匮乏理论大多运用于大型自然灾害的建模分析，很少考虑人为因素导致的灾难。事实上，匮乏理论本身与短期的自然灾害有一定的适配性，但是并不意味着这一理论就不能运用于长期的、人为的灾难如饥荒或战争，相关场景仍有待进一步研究。

应急物流活动一般包含 4 个阶段：预防、准备、响应和恢复。其中，预防和准备属于灾前活动，而响应和恢复属于灾后活动。图 2.2 统计了 55 篇文章的研究所属的阶段，可以看出，绝大多数的研究致力于解决响应阶段的问题，也有一些研究协同考虑多个阶段的问题，相对来说单独考虑准备阶段或其他情况的研究比较少。出现上述趋势的原因是，匮乏理论本身就是"以人民为中心"的灾害应急管理理论，而与灾民相关的应急管理运作往往在灾害的响应阶段执行，所以针对响应阶段的计划、决策与实际运作成为应急管理的重点研究内容。

对应于不同的灾害阶段，匮乏理论也被运用于解决不同类型的问题，例如，应急设施选址[44]、库存管理[54]、应急物资调运[43]以及各种问题的组合，包括选址-分配、选址-库存、选址-运输问题等。表 2.3 列举了全部 55 篇文章以及对应的灾害类型、灾害阶段以及问题类型。

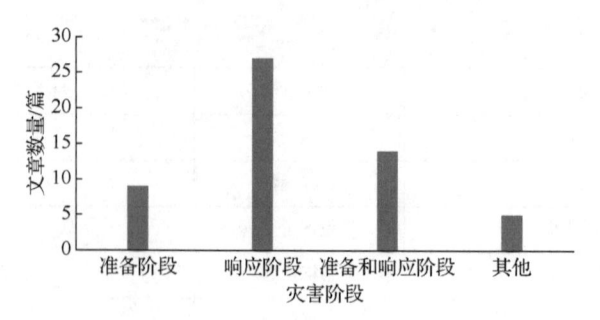

图 2.2　匮乏理论相关建模应用类文章所属阶段

表 2.3　匮乏理论研究对应的灾害类型、灾害阶段与问题类型

文献	灾害类型	灾害阶段	问题类型
Yushimito 等[44]	台风	准备阶段	选址
Kelle 等[33]	台风	准备和响应阶段	预置
Khayal 等[34]	未明确指定	响应阶段	选址-分配
Huang 等[36]	地震	响应阶段	分配与分发
Pérez-Rodríguez 和 Holguín-Veras[21]	未明确指定	准备和响应阶段	库存-分配-路径规划
Pradhananga 等[45]	未明确指定	准备和响应阶段	选址-分配
Rivera-Royero 等[46]	洪水	响应阶段	分发
Serrato-Garcia 等[47]	洪水	响应阶段	分发
Condeixa 等[48]	洪水	准备和响应阶段	选址-分发
Lodree 等[39]	未明确指定	响应阶段	排队论网络下的员工配置
Chakravarty[49]	洪水	预防、准备和响应阶段	资金募集与应急运作
Lodree 和 Aros-Vera[31]	未明确指定	响应阶段	选址-分配
Zhu 等[50]	洪水	响应阶段	路径规划
Yu 等[51]	未明确指定	响应阶段	分配
Ni 等[38]	地震	准备和响应阶段	选址与预置
Yu 等[52]	未明确指定	响应阶段	分配
Moreno 等[37]	洪水	准备和响应阶段	选址-运输
Chapman 和 Mitchell[53]	台风	准备阶段	选址
Biswal 等[54]	未明确指定	灾前	库存
Paul 和 Zhang[32]	台风	准备和响应阶段	选址-运输
Cotes 和 Cantillo[30]	洪水	准备阶段	选址

续表

文献	灾害类型	灾害阶段	问题类型
Rivera-Royero 等[55]	洪水	准备和响应阶段	库存-分配-运输
Paul 和 Wang[56]	地震	准备和响应阶段	选址-分配
Hu 和 Dong[57]	台风	准备和响应阶段	采购-选址-分配
Fard 等[58]	未明确指定	灾前	采购-分配
Wang 等[59]	地震	灾前	采购
Das 和 Hanaoka[41]	地震	响应阶段	分配与分发
Diedrichs 等[42]	台风	响应阶段	信息传输网络分析
Gutjahr 和 Fischer[60]	地震	响应阶段	分配
Cantillo 等[43]	未明确指定	准备、响应和恢复阶段	运输
Gralla 等[10]	未明确指定	响应阶段	运输
Sakiani 等[61]	地震	响应阶段	路径规划与分发
Chang 等[62]	飓风	准备和响应阶段	选址-分发
Diehlmann 等[63]	未明确指定	准备阶段	—
Zhang 等[64]	未明确指定	响应阶段	路径规划
Chakravarty[65]	未明确指定	响应阶段	—
Ismail[66]	地区冲突	响应阶段	分配
Jamali 等[40]	地震	响应阶段	应急物流网络
Malmir 和 Zobel[67]	新冠疫情	响应阶段	分配与分发
Pineda-Martinez 等[68]	新冠疫情	响应阶段	分发
Yu 等[69]	未明确指定	响应阶段	分配
Zhang 和 Cui[70]	飓风	准备和响应阶段	选址-分配
Diehlmann 等[71]	水污染	准备阶段	选址
Giedelmann 等[72]	干旱	响应阶段	路径规划
Lima 等[73]	洪水	准备阶段	采购
Sun 等[74]	地震	响应阶段	选址-运输-分配
Fan 等[75]	新冠疫情	准备阶段	采购与库存
Leyla 等[76]	地震	准备和响应阶段	选址-库存-分发
Guo 和 Zhu[77]	洪水、干旱	准备和响应阶段	选址-库存
Liao 等[78]	地震	响应阶段	分发

续表

文献	灾害类型	灾害阶段	问题类型
Liu 等[79]	台风、洪水	响应阶段	选址-路径规划-分发
Yáñez Sandivari 等[35]	飓风	响应阶段	—
Shao 等[80]	地震	准备阶段	采购与库存
Fan 等[81]	地震、洪水	准备阶段	采购与库存
Sarid 等[82]	未明确指定	响应阶段	分配与分发

三、建模方法与算法

在匮乏理论相关研究运用的建模方法中，较为常用的有两阶段随机优化、鲁棒优化、混合整数规划等。两阶段随机优化一般都会包含准备和响应两个阶段，例如，Pradhananga 等[45]建立了两阶段随机优化模型以解决选址-分配问题，Hu 和 Dong[57]考虑了采购-选址-分配问题，Paul 和 Zhang[32]考虑了选址-运输问题等。鲁棒优化也是近年来比较热门的应急管理建模方法，一般用来考虑灾害的不确定性对应急物流网络，尤其是应急物资的选址、运输、分配、分发等环节带来的影响。例如，Paul 和 Wang[56]运用鲁棒优化方法考虑了选址-分配问题，Sun 等[74]则解决了选址-运输-分配的问题。相比于前两种方法，混合整数规划的运用范围更加广泛，几乎可以用来研究应急供应链中的任一环节中所存在的应急管理问题，且模型既可以是确定性的，也可以是动态规划的。例如，Khayal 等[34]采用确定性的混合整数规划模型解决了应急物资的选址-分配问题，而 Rivera-Royero 等[55]则采用动态混合整数规划模型解决了库存-分配-运输问题。除了这些常用的传统建模方法以外，近年来匮乏理论的相关研究不再局限于数学规划模型，而是呈现出更加多元化的趋势。例如，Yu 等[69]构建了强化学习模型来解决应急物资的分配问题，Fan 等[75,81]和 Shao 等[80]则将匮乏成本引入政企合作中，并构建了斯塔克尔伯格博弈模型以解决应急物资的采购与库存问题。

对应于建模方法的是求解问题的算法。其中，精确算法一般用于解决小规模的算例，其中也包含纯粹采用数学推导或分析得到结论的情况。当算例规模变大时，尤其是涉及路径规划的情况下，一般都是非确定性多项式（non-deterministic polynomial，NP）难问题，很难通过精确算法求得最优解，因此只能采用近似算法来求解，如启发式算法等。值得一提的是，采用近似算法时，需要考量的不仅仅是近似解是否尽量精确，还包含求解所需要的时间，因此合适的近似算法往往是权衡了求解精确性和效率的结果。例如，Kelle 等[33]采用 L 形方法解决了两阶段随机优化问题，Yushimito 等[44]通过基于沃罗诺伊图的启发式算法解决了物资分配中心的选址问题，Sarid 等[82]使用大邻域搜索启发式算法解决了有关电力分配的混合整数规划问题。表 2.4 列举了全部 55 篇文章及其使用的建模方法与算法。

表 2.4 匮乏理论相关研究及其使用的建模方法与算法

文献	建模方法	算法
Yushimito 等[44]	数学规划	基于沃罗诺伊图的启发式算法
Kelle 等[33]	随机规划	L 形方法
Khayal 等[34]	混合整数规划	混合整数规划算法
Huang 等[36]	动态多目标规划	变分不等式方法
Pérez-Rodríguez 和 Holguín-Veras[21]	数学规划	元启发式算法
Pradhananga 等[45]	两阶段随机规划	精确算法
Rivera-Royero 等[46]	动态规划	启发式算法
Serrato-Garcia 等[47]	数学规划	目标函数赋权法
Condeixa 等[48]	包含风险评估的两阶段随机规划	精确算法
Lodree 等[39]	动态随机规划	启发式算法
Chakravarty[49]		
Lodree 和 Aros-Vera[31]	数学规划	启发式算法
Zhu 等[50]	数学规划	基于蚁群算法的元启发式算法
Yu 等[51]	动态非线性整数规划	预演算法
Ni 等[38]	鲁棒优化	本德尔分解法
Yu 等[52]	动态非线性整数规划	动态启发式算法
Moreno 等[37]	两阶段随机优化	基于双层等级制优化程序的启发式算法
Chapman 和 Mitchell[53]	混合非线性整数规划	精确算法
Biswal 等[54]		
Paul 和 Zhang[32]	两阶段随机优化	精确算法
Cotes 和 Cantillo[30]	数学规划	精确算法
Rivera-Royero 等[55]	动态混合线性整数规划	启发式算法
Paul 和 Wang[56]	鲁棒优化	精确算法
Hu 和 Dong[57]	两阶段随机优化	精确算法
Fard 等[58]	动态随机规划	启发式算法
Wang 等[59]		精确算法

续表

文献	建模方法	算法
Das 和 Hanaoka[41]	动态规划	分解法/枚举法
Diedrichs 等[42]	离散动态系统	离散动态系统算法
Gutjahr 和 Fischer[60]		元启发式粒子群算法
Cantillo 等[43]		实证分析法
Gralla 等[10]	混合整数线性规划	启发式算法
Sakiani 等[61]	混合整数线性规划	模拟退火算法
Chang 等[62]	混合整数规划	启发式算法
Diehlmann 等[63]	博弈论	
Zhang 等[64]	数学规划	指数排序差分进化算法
Chakravarty[65]	博弈论	
Ismail[66]	混合整数规划	滚动区域法
Jamali 等[40]	多目标混合整数规划	改进的目标规划算法
Malmir 和 Zobel[67]	数学规划	
Pineda-Martinez 等[68]	混合非线性整数规划	
Yu 等[69]	强化学习方法	Q 学习算法
Zhang 和 Cui[70]	混合整数规划	
Diehlmann 等[71]	数学规划	
Giedelmann 等[72]	混合非线性整数规划	启发式算法
Lima 等[73]		
Sun 等[74]	鲁棒优化	ε-约束方法
Fan 等[75]	斯塔克尔伯格博弈	
Leyla 等[76]	混合非线性整数规划	
Guo 和 Zhu[77]	两阶段随机优化	本德尔分解法
Liao 等[78]	代理人基模型	代理人基仿真方法
Liu 等[79]	分式规划	遗传算法
Yáñez Sandivari 等[35]	多目标随机规划	
Shao 等[80]	斯塔克尔伯格博弈	
Fan 等[81]	斯塔克尔伯格博弈	
Sarid 等[82]	混合整数规划	大邻域搜索启发式算法

注：有些文章未具体提及所采用的规划与算法，甚至有些采用的并非传统的建模方法，所以无法进行总结而呈现出空白单元格。

第四节 本章小结

本节将围绕上述综述,对目标应急物资和匮乏函数拟合等进行比较分析,并总结当前所遇到的挑战与障碍,以及未来的研究方向。

一、不同的物资或服务

根据 Holguín-Veras 和 Jaller[83]的描述,在各类灾害场景中,大约有 153 种应急物资可能存在需求,其中 20 种左右的物资占了总需求的 30%。在灾害响应阶段刚刚开始的时候,轻运输装备、发电设备、医疗服务、饮品以及各类化工产品是需求量最大的。根据 2018 年 The Sphere Handbook 中与人道主义援助和灾害应急响应相关的内容描述,灾后需求一般分为四大类:①饮用水供应,环境和个人卫生保障;②食品安全与营养;③居住地或避难所;④健康相关需求。这些应急物资与服务的需求很快地出现在了应急管理决策模型中,根据表 2.2 的统计,这些应急物资与服务主要包括饮用水、食物(包含食物包、罐头食品等)、帆布床、油布、发电机、个人基础健康产品、卫生巾、交通服务、毯子等。然而,缺少上述应急物资与服务所造成的灾民痛苦程度的测量还是较为局限,例如,Holguín-Veras 等[22]、Macea 等[25]以及 Amaya 等[28, 29]拟合了饮用水的匮乏成本函数,Cantillo 等[24]、Macea 等[26]以及 Amaya 等[28, 29]拟合了食物的匮乏成本函数,Delgado-Lindeman 等[27]拟合了救护车服务的匮乏成本函数。除此以外,Wang 等[7]拟合了药品、食物和帐篷的匮乏水平函数。因此,目前存在理论与实践相脱节的情况,研究者应当继续推进匮乏成本、匮乏水平的测量,尤其是一些比较重要但数据尚缺失的应急物资。除此以外,当前仍然很少有研究区分易腐和非易腐物资的匮乏成本,且基于同一数据来源的饮用水、食物、帐篷、药品等多种应急物资的匮乏成本比较也基本属于研究空白。由于 WTP 数据受到经济、文化因素的影响较大,上述研究的缺失导致不同应急物资之间的匮乏成本无法直接进行比较,无法确定不同应急物资在紧急情况下的相对重要性,这是未来研究需要关注的一个重要方向。

二、匮乏函数拟合

在饮用水的匮乏成本函数曲线拟合中,Macea 等[25]拟合的函数值在灾害发生的初期(如前 48h)要高于 Holguín-Veras 等[22]的函数值,但随后 Holguín-Veras 等[22]的函数值随着匮乏时间的累积快速增长,Macea 等[25]的函数值则变化十分缓慢,这固然与选取的不同的函数形式有关,但是由于 Macea 等[25]的函数值在匮乏时间很长时仍然很小,其合理性和可用性可能难以得到保证。

在食物的匮乏成本函数曲线拟合中，Cantillo 等[24]和 Macea 等[26]均采用两种不同的函数形式（Box-Cox 函数、指数函数）进行拟合，两篇文章的拟合结果差异不大，且 Box-Cox 函数的拟合结果相较于指数函数的拟合结果，其上升趋势均更加平缓。然而，相比于 Holguín-Veras 等[22]拟合的饮用水的匮乏函数，即便是最为平缓的食物匮乏函数（Cantillo 等[24]提出的函数），其在 65h 之前的匮乏函数值也是更高的，这意味着相比于饮用水，灾民愿意花更多的钱去购买食物，这与常识相违背。出现这种情况的根本原因还是经济、文化的差异，导致不同调研下的结果完全没有可比性，这也进一步证明了在同一数据源下对不同应急物资进行匮乏程度测量的重要性。

三、挑战、障碍与未来研究

在考虑了匮乏理论后，灾害应急管理模型的目标函数无疑更加完善了，其与商业供应链模型的区别也更加明显。然而，匮乏理论在建模与应用过程中仍然存在着一些挑战与障碍。

（1）关于匮乏理论在建模中应用的问题。首先，最直接的就是匮乏函数的非线性以及多周期下整体匮乏成本/水平之和的非凸性，导致计算的难度与算法复杂度大大提升。其次，目前的匮乏成本函数尚未衡量灾民反应和感知的滞后性，这部分研究可能需要结合心理学进行尝试。最后，对于多周期问题，匮乏成本函数随匮乏时间的变化机理尚未完全明确，大多数情况下都是假设一旦有物资运到，灾民的匮乏成本就降至 0，然后在物资消耗完毕后重新开始上升，但是这种假设无法避免一些极端情况的产生（例如，只喝一口水匮乏成本就降到 0），以及重新开始上升的物资匮乏成本不一定仍遵循原本的函数。

（2）在测量匮乏成本函数时面临的道德困境以及鲁棒性问题。尽管便于计算，但是采用经济指标衡量生命价值还是存在较大的道德伦理争议，且该指标的变化对于匮乏成本函数的形式、模型的解均有重要影响，这也是后来 Wang 等[7]提出匮乏水平概念的重要原因。

（3）匮乏成本和匮乏水平理论之间的相关性问题。同样作为量化人类痛苦的重要衡量指标，两者之间的关系是什么样的？能否相互转化？由于匮乏水平的测量较为简单且可以避免道德争议，而匮乏成本便于进行模型计算，因此两者是否能够取长补短，有待后续的进一步研究。

（4）关于理论与应用方面的脱节。在已经有越来越多的研究与模型考虑匮乏理论并涉及越来越多种类的应急物资时，相关理论研究进展仍较为缓慢，在应急物资种类和调研地点等方面都有所局限，后续研究应当考虑在更多地区测量更多种类应急物资的匮乏函数。

图 2.3 总结了匮乏理论的研究思路框架，其中第一、二部分主要是理论方面

的研究，而第三、四部分则是应用方面的研究。本书后面的章节也将遵循图中的逻辑框架，依次考虑匮乏成本、匮乏水平的测量、建模与应用。

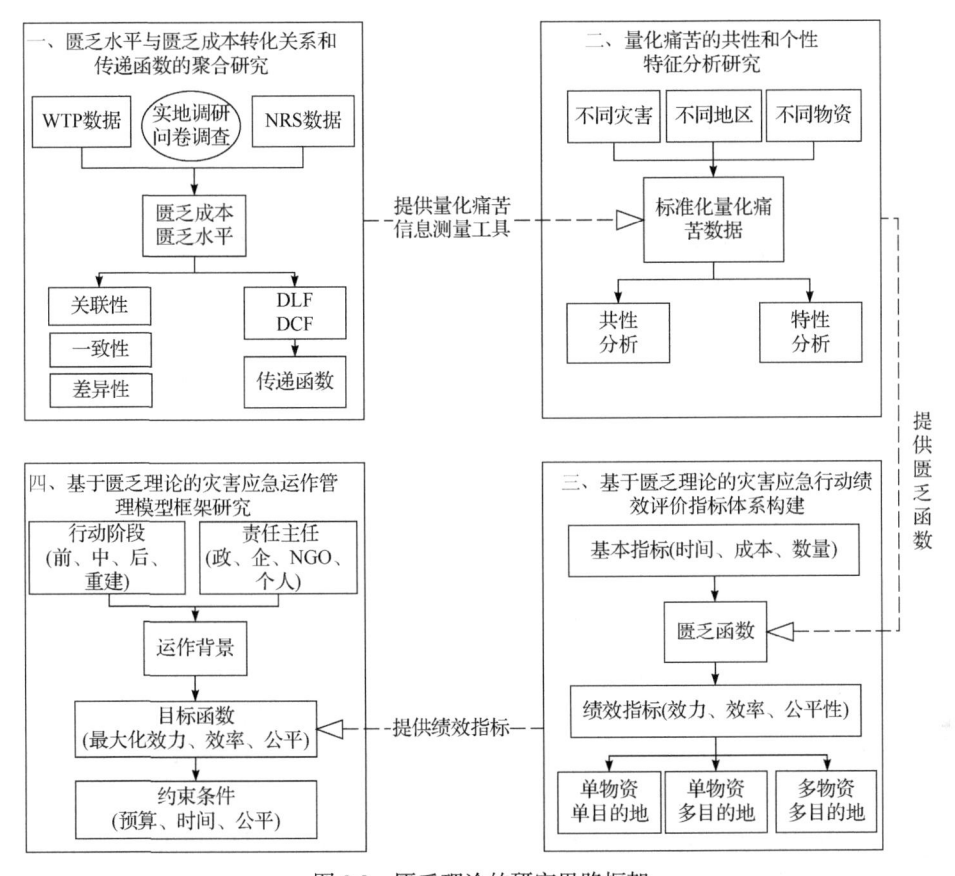

图 2.3　匮乏理论的研究思路框架

DLF 为匮乏水平函数（deprivation level function），DCF 为匮乏成本函数（deprivation cost function），NGO 表示非政府组织（non-governmental organization）

第三章 匮乏成本的测量方法与函数构建

通过第一章、第二章的介绍可以得知，匮乏理论主要包含匮乏成本和匮乏水平两种量化人类痛苦的指标。本章具体介绍匮乏成本的测量，包括测量方法、问卷设计与调研以及函数构建与性质分析。尽管针对匮乏成本的测量与函数构建已经有不少的研究成果，但是根据第二章的综述，目前少有研究将基于同一数据源的饮用水、食物和帐篷三种物资的匮乏成本进行比较。因此，本章将基于成熟的理论，首先简单介绍 Holguín-Veras 等[22]对匮乏成本测量方法的研究，然后重点介绍作者及其研究团队通过实地调研获得的 WTP 数据并构建、比较上述三种物资的匮乏成本函数，以期为灾害应急管理决策提供理论支持。

第一节 匮乏成本的测量方法

匮乏成本所对应的应急物资或服务在经济学领域被称为"不在市场流通的商品或服务"，实际上已经有较为成熟的方法来测量这类商品或服务的经济价值[84]。这类测量的本质是对商品或者服务所能够反映和表现出的消费者（需求者）的偏好与需求进行估值，在给定选择的场景下，这种偏好和需求能够显示出提供商品或者服务的价值。在这类经济价值的估计中，WTP 和受偿意愿（willingness-to-accept，WTA）是常用的两种衡量指标。WTP 衡量的是人们为了购买一件产品或服务、获得更多的权益所愿意付出的代价，而 WTA 则正好相反，衡量的是人们在失去某件产品或服务、放弃某些权益后希望能够收到的补偿。由此可见，WTP 是对情况发生正向变化时的估值，而 WTA 则是对情况发生负向变化时的估值。Holguín-Veras 等[22]指出，WTA 可能会受到个人经济水平的影响，且要求灾民对应当接受多少补偿进行猜测相对来说比较困难，因此他们采用 WTP 来衡量匮乏成本，但是 WTA 仍然是未来值得研究的一种衡量指标。

对于 WTP 和 WTA 的测量，经济学中存在以下几种方法。

首先是损坏（修复）成本，用于测量将遭到影响或损坏的物品重新修复至原始状态的成本，其缺点在于并不是所有物品都能够在遭受影响后恢复到最原始的状态，适用场景受限。

其次是控制或预防成本，这一测量方法的基础是假设阻止损害发生的成本可以通过等效性的市场商品来估值，例如，安装降噪装置可以消除飞机场周围的夜间噪声，则为了消除噪声所投入的资源可以等价于降噪装置的价值。这种方法的问题在于对于同一种资源，可能会产生多个估值，出现自相矛盾的情况。

最后是特征价格，这是一种用于衡量商品或服务相关的某些特征对价格的影响的方法，通常用于汽车、房地产等领域。例如，通过对比城市不同区域相似户型的房屋价格，可以估计机场噪声对房屋价格的影响。这种方法虽然有效，但是要求考虑的特征对商品或者服务的价值产生显著影响，且在控制变量方面难度较高，很容易影响结论的有效性。

可以看出，以上三种方法都不适用于测量匮乏成本。最后一种方法是陈述偏好（stated preference，SP）法，具体又可细分为条件评估法、陈述选择法和联合分析法，主要思路是收集人们的偏好数据以进行价值评估。在条件评估法中，测试者往往会先定义一个假定的市场或决策场景，然后要求受访者回答他们愿意支付多少钱以换取状况的改善（即 WTP），或者在放弃某些权益后希望得到多少补偿（即 WTA）。陈述选择法会向受访者提供多种选择，以显示所需支付的代价和不支付代价可能需要忍受的负向外部影响之间的权衡。联合分析法则一般要求受访者对备选方案进行排名，其中某些方案可以将付出的代价转换为经济价值，但一般不会显式表达 WTP 或者 WTA。

由于对匮乏成本的测量往往是在灾后进行的，很难获取到灾害发生时的真实数据，且受限于灾害本身的不确定性与破坏性，很难进行大规模的对比实验，因此 Holguín-Veras 等[22]认为条件评估法是最适合用于测量匮乏成本的方法。但他们同样指出，受访者宣称的 WTP 值与实际表现出来的结果可能有很大的偏差，这种"假想偏差"可以通过在测试开始前的解释性陈述加以减轻或避免[85-87]。因此，需要通过合适的问卷和调研设计使测量结果更加准确。

当然，Holguín-Veras 等[22]承认陈述选择法也是可行的 WTP 测量方法之一，这在第二章的文献综述里也有所提及。事实上，几篇相关文献采用的均是陈述选择法[24-27]。表 3.1 对条件评估法与陈述选择法进行了简单的对比，分析了两种方法的优劣势，后续研究可以根据需要进行选择。

表 3.1 条件评估法与陈述选择法的比较

区别及优劣势	条件评估法	陈述选择法
区别	聚焦于具体场景； 要求受访者在回答中提供确切的成本价值	聚焦于属性或场景的切换； 要求受访者从一系列可选项中选择他们所偏好的
优势	可以直接得到理论上效用变化对应的经济价值变化； 更容易运用到模型中	相比条件评估法提供了更多有关受访者偏好的信息； 增加了受访者进行策略选择的自由度； 为受访者提供了更加详尽的有关各属性之间权衡的信息，帮助受访者更好地进行决策

续表

区别及优劣势	条件评估法	陈述选择法
劣势	并未考虑到受访者在进行决策时可能需要做的权衡；可能会存在策略偏差，导致无法体现受访者的真实偏好	问卷调研设计更加困难；对于受访者的要求更高，受访者会面临更大的认知负担，一旦调研的复杂度超出了受访者的认知，会导致结果产生巨大的偏差

第二节　问卷设计与调研

四川省是我国地质灾害发生较为频繁和剧烈的地区，作者及其研究团队曾多次前往四川省进行实地考察与调研，包括汶川、都江堰、雅安等市县，尤其是雅安市更是数度造访（见第七章），相关调研为课题组的工作提供了有力的数据支撑。本次测量匮乏成本，作者及其研究团队分批次前往雅安市芦山县进行了调研。雅安市位于四川盆地西部边缘，地处四川盆地和青藏高原两大地形区的过渡带，地形复杂多样，处于龙门山断裂带上，容易发生自然灾害。2013年4月20日，雅安发生了震级为7.0级的地震。截至2013年4月26日18时，该次地震已造成196人遇难、21人失踪、1.34万人受伤[①]。

相比于Holguín-Veras等[22]只考虑了饮用水作为目标应急物资，作者及其研究团队收集了饮用水、食物、帐篷这三种应急物资的相关数据。考虑这三种应急物资是因为在绝大多数的灾害中，这三种物资都是比较重要且容易短缺的。根据匮乏理论，缺少以上三种之中的任意一种物资都会导致相应痛苦水平的累积。根据以往灾害的情况和研究者的普遍认知，不考虑个体自身健康以及环境因素的影响，假设每个人平均缺少水/食物/帐篷达到7天/15天/30天就会死亡，这也就意味着对应的匮乏函数将在这些匮乏时间点达到最大值。对于匮乏成本函数，Holguín-Veras等[22]采用的方式是人为地加入生命的经济价值作为函数最大值，但是这样做显然面临道德上的争议。为了契合实际，作者加入并强调了预算约束，即规定灾民支付的费用不能超过其每月收入约2000元。为了避免物资的包装大小对数据的影响，调研时规定饮用水为500ml的瓶装矿泉水，其市场价格为2元；食物为375g的自热米饭，其市场价格为10元；帐篷为单人帐篷，其市场价格为100元。

在芦山县人民政府的帮助下，调研团队分批前往了芦山中学、芦山县人民政府以及周边的住宅区进行调研。通过问卷调查以及面对面采访的形式对包括学生、

---

① 资料来源：https://www.yaan.gov.cn/xinwen/show/ee95af2c-2a3c-42d3-9018-8783d4e23725.html。

老师、医生、护士、政府官员及职员等各种职业的人进行了调研,调研团队发现,大部分的受访者都表示愿意参加调研,并没有表现出对灾害回忆的恐惧感。团队总计对 343 位受访者进行了调研,收到了 293 份有效数据(85.42%)(剔除了 14 份未经历过灾害的受访者数据以及 36 份缺少部分信息的数据)。所有受访者都被要求提供了有关于性别、年龄、受教育程度、是否经历过灾害以及灾害中所扮演的角色等信息。除此以外,他们还提供了有关月收入的信息,因为这会对 WTP 数据产生影响[6]。问卷调查对象的描述性统计如表 3.2 所示。

表 3.2 问卷调查对象的描述性统计

特征		样本	
		数量	百分比/%
性别	男	179	61.1
	女	114	38.9
年龄	<20 岁	74	25.3
	20~30 岁	107	36.5
	31~40 岁	64	21.8
	>40 岁	48	16.4
受教育程度	<高中学历	79	27.0
	高中及专科	124	42.3
	本科学历	79	27.0
	研究生	11	3.7
是否经历过灾害	是	293	100.0
	否	0	0.0
角色	受灾者	225	76.8
	救灾者	68	23.2
月收入/元	<1 000	85	29.0
	1 000~3 000(含)	57	19.5
	3 000~6 000(含)	107	36.5
	6 000~10 000	40	13.7
	>10 000	4	1.3
总计		293	100.0

调研的流程如下：第一步先收集个人信息；第二步由调研人员向受访者描述假设的情形；第三步则是根据假设的情形让受访者回答 WTP 数据采集所对应的问题并记录相应的 WTP 数据。在调研期间，调研人员会回答受访者任何与调研相关的问题以确保获得更加准确的结果。具体调研问卷见本书附录。

第三节　函数构建与性质分析

Holguín-Veras 等[22]介绍了详细的数据处理流程，包括如何剔除收入水平等因素的影响、如何验证匮乏成本函数的合理性等，主要是为了证明匮乏成本测量方法以及函数拟合方法的可行性与正确性，本书在此不再赘述。表 3.3 展示了匮乏成本函数的拟合结果。事实证明，在尝试了多种不同的函数后，幂函数的拟合优度是最高的，这与 Holguín-Veras 等[22]得到的指数函数不同。然而，WTP 指标本来就受到收入水平、文化差异等因素的影响，再加上作者并未人为地加入生命的经济价值作为函数最大值，因此这种差异是可以接受的。

表 3.3　匮乏成本函数的拟合结果

应急物资种类	模型	显著性检验		
		R^2	r	F
帐篷	$DC = 275.74DT^{0.5763}$	0.9866	0.9957	383.0762
食物	$DC = 20.994DT^{1.6165}$	0.9942	0.9930	89.2714
饮用水	$DC = 84.053DT^{1.6447}$	0.9973	0.9931	3044.965

注：DC 为匮乏成本函数，DT 为匮乏时间，R^2 为拟合优度，r 为相关系数，F 为方差比率。

图 3.1 清楚地展示了匮乏成本随匮乏时间的变化情况，可以看出，对于三种应急物资，匮乏成本都随着匮乏时间的增长而增加，且它们的增加速率都满足饮用水>食物>帐篷，这符合人们对于这些应急物资紧急程度以及重要性的认知。从函数的特点来看，它们都是单调且非线性的，这也反映了匮乏成本与其他效果衡量指标（如时间、未满足需求等）之间的差异。

需要注意的是，帐篷的匮乏成本函数与饮用水、食物的有所不同，因为后两者均为凸函数，但前者却是凹函数，这意味着虽然帐篷的匮乏成本也随着匮乏时间的增长而不断增加，但其增加速率不断衰减，直至最终趋于稳定。经过研究，作者认为，由于帐篷并不像饮用水和食物一样属于刚需，即便是在天气恶劣的情况下，缺少帐篷仍然能够存活较长时间，且通过平缓的增长曲线可以看出，缺乏帐篷并不会带来剧烈的痛苦，很多人甚至一段时间后就已经适应和麻木了，自然不愿意支付更多的费用。相反，饮用水和食物则是刚需，它们的缺失会引起巨大

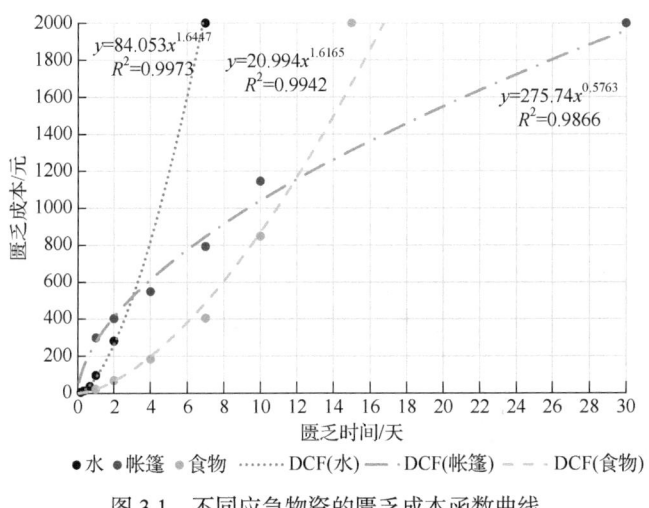

图中函数：
$y=84.053x^{1.6447}$, $R^2=0.9973$
$y=20.994x^{1.6165}$, $R^2=0.9942$
$y=275.74x^{0.5763}$, $R^2=0.9866$

横轴：匮乏时间/天　纵轴：匮乏成本/元

● 水　● 帐篷　● 食物　……… DCF(水)　—·— DCF(帐篷)　— — DCF(食物)

图 3.1　不同应急物资的匮乏成本函数曲线

的痛苦并很快会导致人们死亡，因此人们很难对此感到麻木，这就造成了它们对应的匮乏成本函数的飞速提升。除此以外，帐篷在救灾初期具有重要的作用，在设置安置点时，帐篷的存在对于灾民来讲是极大的心理安慰，足够的帐篷可以减少安置点的人员流失，避免引起秩序混乱。最后，即使调研人员在让受访者填写问卷之前就已经定义了灾害发生的情况，但是由于受访者都是经历过灾害的人，他们或多或少也会回想起当时的实际情况，并据此做出判断。事实上，通过与受访人员的交流得知，虽然饮用水、食物等关键物资也十分紧缺，但是灾害初期大家多多少少有些存粮，且针对饮用水和食物这种日常的消耗性物资，应急救援的响应速度比较快，反而没有给他们带来特别痛苦的回忆，而真正给他们留下比较深刻的印象的还是倒塌的房屋以及突然间无家可归的感觉，这也在无形中提高了他们在灾害初期对帐篷的估值。

第四节　本 章 小 结

本章主要介绍了匮乏成本的测量以及匮乏成本函数的构建。首先，以 Holguín-Veras 等[22]的内容为基础，详细地介绍了匮乏成本的测量方法，通过比较经济学领域针对 WTP 的不同测量方法，最终选定了条件评估法。其次，作者及其研究团队基于条件评估法设计了问卷并前往四川省雅安市芦山县进行调研，利用得到的 WTP 数据拟合了饮用水、食物、帐篷的匮乏成本函数。结果表明，虽然不同于 Holguín-Veras 等[22]的指数函数形式，但得到的三种物资的匮乏成本函数仍然保持了非线性单调递增的性质，再次验证了灾民的痛苦程度与匮乏时间的非线性关系，为灾害应急管理建模中使用匮乏成本的必要性提供了有力的支持。不同的是,虽然饮用水和食物的匮乏成本函数与 Holguín-Veras 等[22]拟合的函数性质一样,都是凸函数,但是帐篷却是凹函数。针对这一现象,作者从需求程度、帐篷带来的心理作用以及灾害实际情况的角度进行了合理的解释,为后续的研究提供了参考。

本章的研究做出了以下的创新和贡献。首先,本章的研究构建了基于同一数据源的饮用水、食物、帐篷的匮乏成本函数,并对其进行比较,其结果有助于判定灾害紧急救援时应急物资配送的优先级,为灾害应急管理决策提供了参考。其次,本章的研究再次证实了匮乏成本的测量受到收入水平、经济文化等因素的影响较大,且是否设置具有道德争议的生命经济价值作为函数最大值仍有待商榷,这也会对匮乏成本函数的最终拟合形式造成影响。最后,本章的研究进一步支持了匮乏成本与匮乏时间之间的非线性关系,与迄今为止几乎所有针对匮乏成本测量的研究结论相符合,这也是灾害应急管理的本质属性的体现,是匮乏理论的核心思想,与我国"以人民为中心"的指导思想相契合。

第四章 匮乏水平的测量方法与函数构建

第三章详细地介绍了匮乏成本的测量方法与函数构建。作为匮乏理论的另一块拼图，由于本身属于无量纲的值，匮乏水平在测量方法与函数构建上和匮乏成本有一定的差异，本章将进行详细的阐述。

Holguín-Veras 等[4, 6, 22]为灾民痛苦的量化提供了理论基础与测量工具。然而，仍然有一系列的问题值得进行更加深入的探索与研究。首先是合适的灾民痛苦量化方法，根据前文的介绍可知，匮乏成本采用的衡量指标是 WTP，而运用 WTP 值拟合匮乏成本函数时，Holguín-Veras 等[22]人为地加入生命的经济价值作为函数最大值，容易产生道德争议。其次是目标应急物资的种类以及对应的匮乏时间区间，相比于饮用水和食物，其他的应急物资如药品、帐篷等仍未得到充分研究，且不同应急物资所对应的匮乏时间区间也有所不同，例如，0~72h 可能适用于饮用水的匮乏成本测量，但是对于食物、帐篷来说，数据可能就不够充分。最后，Holguín-Veras 等[22]宣称"从统计学的角度来说，受访者是否经历过灾害对结果没有显著影响"，这个结论与人们的直观感觉相违背，需要进行进一步的验证。

作者及其研究团队提出了一种新的用于测量灾民痛苦的方法，即数字评价量表（numerical rating scale，NRS），作为 WTP 的替代方法。作为一种在医学领域经常用来测量痛苦程度的指标[88, 89]，NRS 被认为是一种有效且可靠的痛苦水平衡量工具[90]。由于 NRS 只提供关于痛苦程度而非其所对应的经济价值的信息，因此可以避免收入水平、经济文化等因素对于测量的影响，同时也无须再引入生命的经济价值作为拟合函数的最大值。同时，为了更加明确、直观地表现因缺乏不同目标应急物资、不同匮乏时间而造成的痛苦之间的差异，作者及其研究团队设计了基于等级配对比较（graded pair comparison，GPC）方法的相关实验。基于上述两种方法，作者及其研究团队提出了匮乏水平的概念，将其定义为"因缺少应急物资或服务导致的灾民痛苦程度"，并构建了匮乏水平函数。具体地，作者及其研究团队通过实地调研，独立地对经历过/未经历过灾害的受访者进行了测试，以食物、帐篷、药品作为目标应急物资，收集了 NRS 值并构建了相应的匮乏水平函数。

综上所述，本章旨在研究并解决以下问题。
（1）量化人类痛苦水平是如何随匮乏时间变化的。
（2）灾害经历是否会影响调研结果。
（3）缺乏不同目标应急物资导致的人类痛苦量化指标是否有所差异。

（4）如何基于灾民的痛苦程度等级构建目标函数。

第一节 匮乏水平的测量方法

根据第三章的描述，测量匮乏成本的条件评估法属于陈述偏好法，其中除了条件评估法，还包括陈述选择法、联合分析法。事实上，按照陈述偏好法的定义："根据受访者关于其偏好的陈述估计效用函数的经济估值技术"[91]，部分研究者指出，GPC 方法也属于陈述偏好法的一种，受访者被要求在成对的比较中选择他们更加偏好的选项，并为选项的偏好强度进行基于数字量表的评级[92,93]。相比于更加适用于测量商业供应链中消费者针对某种产品的偏好的联合分析法[94,95]以及更加适用于测量 WTP 或 WTA 值的条件评估法[6,96]，GPC 方法更加强调方案的成对比较与选择，适用于衡量受试者对于成对方案的偏好程度，即"哪个方案更好，究竟有多好"。因此，在应急管理的背景下，GPC 方法可以用于比较受访者对于不同目标应急物资的需求程度（即同一匮乏时间下比较缺乏不同应急物资的两组选项，并对每组选项的痛苦程度进行评级），以及同一目标应急物资在不同匮乏时间下的需求程度（即比较同一目标应急物资在不同匮乏时间点的两组选项，并对每组选项的痛苦程度进行评级）。

GPC 方法主要用于表现不同匮乏时间下因缺乏不同目标应急物资而造成的量化的人类痛苦水平之间的差异，这种痛苦水平的常用衡量方法包括 NRS、视觉模拟评分（visual analogue scale，VAS）法以及其他类似的方法[97]。NRS 与 VAS 在社会科学领域，尤其是人口普查与调查、公投以及市场调查研究中有着大量的相关文献[98]，且广泛应用于身体上和认知上的感觉测量，如痛苦[99]、焦虑[100]以及自我评估的生活质量[101]等。对于 NRS，以痛苦的测量为例，受访者被要求基于数字量表 $0 \sim N$ 对他们的痛苦进行评级，其中 0 表示"没有痛苦"，而 N 表示"可能达到的最大痛苦"[89]。根据 N 的取值不同，目前共有 7 种不同版本的 NRS，其中 NRS-11 是最为常用的[98]，且具有足够的辨识度[102]。对于 VAS，受访者需要在 100mm 的水平线上指出其感受到的痛苦，具体的数据可以以比例的形式表示[103]。相比于 VAS，NRS 具有较高的敏感度，且结果易于进行统计分析[104]，适用于绝大多数痛苦衡量与分析的场景[98]，因此本章采用 NRS-11 测量不同应急物资的匮乏水平。

为了更好地收集 NRS 数据并构建匮乏水平函数，有必要事先了解相关数据的性质，即 NRS 数据是序数的还是成比例的。尽管没有研究直接证明 NRS 数据是成比例的，但是 Myles 等[103]指出 VAS 数据是成比例的，且大量研究表明 NRS 与 VAS 数据是可比且相互对应的[98,105]，因此可以合理假设 NRS 数据也是成比例的。

第二节 问卷设计与调研

一、问卷设计

（一）时间节点

尽管"一周""七天"相关字样频繁地出现于大部分文献以及相关的报告[10, 106, 107]中，揭示了灾后应急行动中这一节点的重要性，但是由于需要同时考虑食物和帐篷，相比于饮用水与药品，前者的匮乏时间可能更长，仅收集前一周的数据可能会大大降低其匮乏水平函数拟合的精确度。因此，在设计问卷时，作者将匮乏时间延长至15天。

（二）物资种类

对于不同的应急物资，其匮乏造成的灾民痛苦程度也不尽相同。例如，灾民或许能够忍受一段时间不吃饭或者不住帐篷，但是对于伤员而言，没有药品很可能会导致比较严重的后果。在应急物资的选择上，作者侧重于考虑那些与灾民联系紧密的基本生活或生存物资，包括饮用水、医疗物资、消毒卫生用品、帐篷、毛毯、压缩饼干等。虽然救援设备和车辆也是灾后应急管理的重要需求，但是由于灾民往往对缺乏救援设备和车辆不太敏感，因此暂时不予考虑。综上所述，作者选择了食物、帐篷以及药品作为目标应急物资，并根据人们的普遍认知将药品设置为重要物资，而食物和帐篷称为一般性物资，同时预估同样的匮乏时间下因缺乏重要物资导致的灾民痛苦程度要远高于一般性物资。值得注意的是，实际情况下药品的种类繁多、功能各异，将药品限定为某种特定产品（如阿司匹林）可能大大减少合格的样本量，且会影响结果的可靠性。另外，采用某特定药品的通用名/商品名也可能增加受访者的理解难度，因此在问卷设计时，采用"药品"这一通用名称来指代大家普遍认知中的一般性医疗物资。正式调研前的初步小规模实验结果表明，几乎所有受访者都能够正确理解"药品"的含义，不需要再进行进一步的解释。此外，根据实际情况，调研地点中大多数家庭都自设水井，在灾害发生期间也能够保证生活用水充足，因此本次调研并未考虑饮用水这一重要应急物资的匮乏情况。

（三）样本设置

为了研究灾害经历是否会影响调研结果，受访者被分为两大类，其中，实验组主要为经历过灾害的受访者，而对照组则主要为未经历过灾害的受访者。在正式调研前的初步小规模实验中作者发现，对于经历过灾害的实验组，食物和帐篷是灾后不可或缺的物资,而药品则因人而异。因此作者进一步划分了医疗组,即是否在灾害中有过受伤经历。在后续的正式调研中,所有有关药品的问题都只针对医疗组。

二、调研背景与受访者信息

本次调研以 2014 年发生在云南省盈江县的地震为背景。盈江县坐落于中国西南边陲,靠近缅甸边界,位于腾冲-龙陵地震带和缅甸弧之间,属于地震多发地区。盈江县的居民自 2008 年以来经历过数次严重的地震灾害,包括 2008 年 8 月 21 日发生的 5.9 级地震和 2011 年 3 月 10 日发生的 5.8 级地震。当地居民的灾害经历与灾害救援经验能够为灾后应急物流实践与研究提供十分宝贵的意见。

2014 年 5 月 24 日 4 时 49 分、5 月 30 日 9 时 20 分,盈江县卡场镇先后发生里氏 5.6 级、6.1 级地震,造成重大财产损失和人员伤害。此次地震最大震级 6.1 级,余震 6000 多次,全县烈度 6 度以上的灾区面积 3150km^2,全县 14 个乡镇和 1 个农场、93 个村(居)委会、68 651 户 274 419 人受灾,60 人受伤,造成直接经济损失 17.336 亿元[①]。此次地震中受灾最严重的三个乡镇是:苏典乡、卡场镇和勐弄乡。作者及其研究团队在受灾后半个月内到达了受灾地区,针对受灾最严重的三个乡镇的居民进行了实地调研活动。

首先,为了验证受访者是否能够正确地理解调研问题,作者及其研究团队先开展了小规模的初步调研,其针对的对象主要是未经历过灾害的学生、老师及其他随机筛选的人。小规模初步调研共发放 100 份问卷,其中有效的为 94 份,作为本次实验的对照组。然后,通过问卷的形式,作者及其研究团队实地调研了 300 名人员,其中包含 54 份无效问卷(信息缺失)以及 246 份有效问卷(占总问卷数量的 82%),所有有效问卷对应的受访者均为经历过灾害的灾民或救灾人员,因此属于实验组,其中包含由 96 名伤员组成的医疗组。表 4.1 展示了有效问卷对应的全体受访者的基本信息。

表 4.1 受访者基本信息汇总

个人信息		实验组				对照组	
		实验组全体		医疗组			
		人数	百分比/%	人数	百分比/%	人数	百分比/%
性别	男性	118	48.0	46	47.9	55	58.5
	女性	128	52.0	50	52.1	39	41.5

---

① 资料来源:https://www.dhyj.gov.cn/Web/_F0_0_28D07DFE3726L7UO00BO0RBJHL.htm。

续表

个人信息		实验组				对照组	
		实验组全体		医疗组			
		人数	百分比/%	人数	百分比/%	人数	百分比/%
年龄	<20岁	111	45.1	45	46.9	59	62.8
	20~30岁	76	30.9	21	21.9	21	22.3
	30~40岁	38	15.5	20	20.8	6	6.4
	>40岁	21	8.5	10	10.4	8	8.5
受教育程度	高中以下	55	22.4	23	24.0	0	0.0
	高中及专科	76	30.9	29	30.2	30	31.9
	本科	111	45.1	41	42.7	51	54.3
	研究生	4	1.6	3	3.1	13	13.8
受伤情况	是	96	39.0	96	100.0		
	否	150	61.0	0	0.0		
角色	灾民	165	67.1	66	68.8		
	救灾人员	81	32.9	30	31.2		
是否经历过灾害	是	246	100.0	96	100.0	1	1.1
	否	0	0.0	0	0.0	93	98.9
实地调研地点	安置点	110	44.7	36	37.5		
	私人住宅	75	30.5	28	29.2		
	政府	39	15.9	10	10.4		
	医院	22	8.9	22	22.9		
总计		246	100.0	96	100.0	94	100.0

注："是否经历过灾害"项目中，对照组的1是因为，该受试者经历过灾害，但并未经历本次灾害。

三、调研步骤

作者及其研究团队前往地方政府、医院、临时安置点以及私人住宅对当地灾民以及救灾人员进行了调研。所有刚刚经历过地震灾害的受访者都表示愿意参加访问，且在回忆地震经历时，受访者并无明显的痛苦或者情绪低落迹象。

类似于匮乏成本，调研步骤如下。

（1）收集个人信息。要求受访者提供的基本信息包括性别、年龄、受教育程度、在救援运作中扮演的角色、是否受伤、是否经历过灾害以及接受调研的地点。

（2）向受访者描述假设的灾害情境"请回忆您所经历的灾害，假设您现在手中没有××物资，灾害救援仍在进行中，请问……"并询问受访者在各种情境下的偏好排序或相对偏好态度。具体问题内容见本章第三节、第四节。

（3）受访者根据个人感觉回答问题，记录受访者对问题的答案。

第三节　GPC 问题与统计结果分析

GPC 问题 1：不同匮乏时间下的个体偏好排序。根据您对灾害救援的感知，请对以下三种情境进行排序（1 表示最佳，2 表示介于最佳和最差之间，3 表示最差）：

◇ "灾害发生后的第 3 天收到救援物资"
◇ "灾害发生后的第 7 天收到救援物资"
◇ "灾害发生后的第 15 天收到救援物资"

作者及其研究团队对排序结果进行了初步处理，得出了各组的平均值以及标准差，其结果如表 4.2 所示。

表 4.2　不同匮乏时间下的个体偏好排序统计结果

根据您对灾害救援的感知，请对以下三种情境进行排序： （1=最佳，2=介于最佳和最差之间，3=最差）		平均值（标准差）	
		实验组	对照组
R1	灾害发生后的第 3 天收到救援物资	1.08（0.10）	1.00（0.00）
R2	灾害发生后的第 7 天收到救援物资	2.25（0.20）	2.05（0.05）
R3	灾害发生后的第 15 天收到救援物资	2.83（0.15）	2.98（0.02）

GPC 问题 2：相同物资、不同匮乏时间下的偏好成对比较。根据您对灾害救援的感知，请您就下述情境间的比较，给出自己的相对偏好，用数字 1~7 表示（1 表示非常不满意，4 表示无偏好差异，7 表示非常满意）：

◇ "与灾后第 1 天收到帐篷/食物/药品相比，您对灾后第 3 天收到帐篷/食物/药品的态度"
◇ "与灾后第 3 天收到帐篷/食物/药品相比，您对灾后第 7 天收到帐篷/食物/药品的态度"
◇ "与灾后第 7 天收到帐篷/食物/药品相比，您对灾后第 15 天收到帐篷/食物/药品的态度"

作者及其研究团队对偏好成对比较结果进行了初步处理，得出了各组的平均值以及标准差，其结果如表 4.3 所示。

表 4.3　相同物资、不同匮乏时间下的偏好成对比较统计结果

匮乏天数比较（1=非常不满意，4=无偏好差异，7=非常满意）	平均值（标准差）				
^	实验组		对照组		医疗组
^	食物	帐篷	食物	帐篷	药品
第 1 天与第 3 天对比	2.99（1.11）	2.53（1.31）	3.15（1.15）	2.73（1.09）	2.59（1.37）
第 3 天与第 7 天对比	1.92（0.72）	1.93（1.65）	1.99（1.07）	1.85（1.53）	1.89（0.96）
第 7 天与第 15 天对比	2.41（1.21）	2.89（1.72）	1.88（0.72）	1.79（1.34）	2.63（1.21）

GPC 问题 3：不同物资、相同匮乏时间下的偏好成对比较。根据您对灾害救援的感知，请您就下述情境间的比较，给出自己的相对偏好，用数字 1~7 表示（1 表示非常不满意，4 表示无偏好差异，7 表示非常满意）：

◇ "与收到帐篷相比，您对灾后第 3 天收到食物（或药品）的态度"
◇ "与收到帐篷相比，您对灾后第 7 天收到食物（或药品）的态度"
◇ "与收到帐篷相比，您对灾后第 15 天收到食物（或药品）的态度"

作者及其研究团队对偏好成对比较结果进行了初步处理，得出了各组的平均值以及标准差，其结果如表 4.4 所示。

表 4.4　不同物资、相同匮乏时间下的偏好成对比较统计结果

匮乏物资比较（1=非常不满意，4=无偏好差异，7=非常满意）	平均值（标准差）	
^	实验组（缺乏食物）	医疗组（缺乏药品）
帐篷与药品/食物对比（第 3 天）	4.41（2.31）	2.57（0.79）
帐篷与药品/食物对比（第 7 天）	3.04（1.93）	2.61（0.84）
帐篷与药品/食物对比（第 15 天）	1.95（1.66）	1.67（0.64）

GPC 方法旨在回答以下几个研究问题。
（1）灾民的痛苦程度如何随匮乏时间变化？
（2）有无灾害经历是否影响其对人类痛苦程度的感知？
（3）由不同类型物资的匮乏引发的痛苦程度是否有区别？

为了更加直观地展示不同问题、不同组别的数据特征，作者及其研究团队对 GPC 问题的统计结果进行了图片化展示，分别如图 4.1~图 4.3 所示。

问题 1：灾民的痛苦程度如何随匮乏时间变化？

GPC 问题 1 和问题 2 的统计结果为上述问题做出了解答，从图 4.1 中可以看出，无论是实验组还是对照组，大多数受访者都认为 7 天比 3 天要糟糕，15 天比

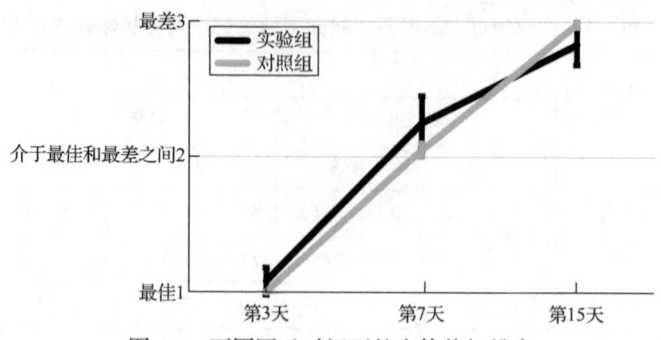

图 4.1　不同匮乏时间下的个体偏好排序

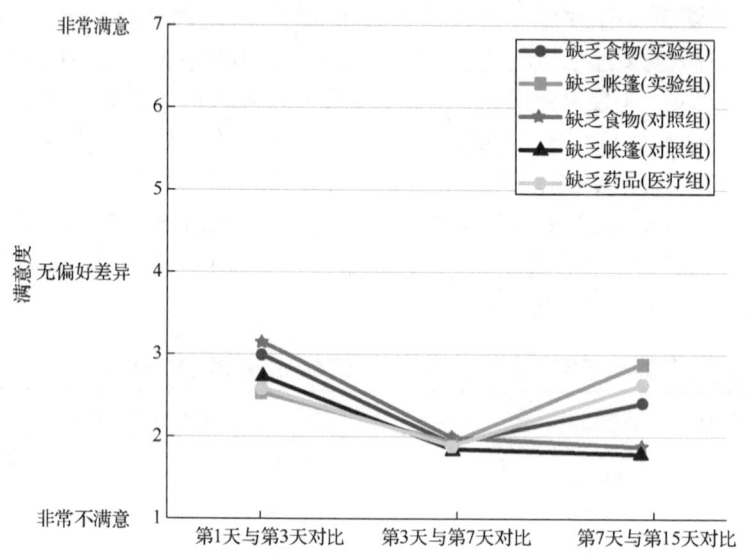

图 4.2　相同物资、不同匮乏时间下的偏好成对比较

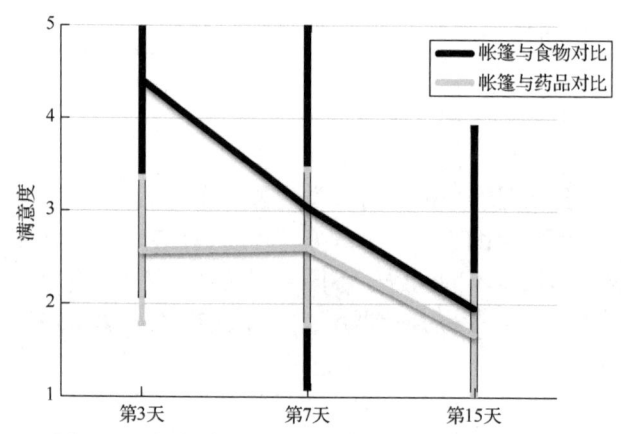

图 4.3　不同物资、相同匮乏时间下的偏好成对比较

图中的斜线和折线为满意度的变化趋势，竖直的线条表示当前时刻数据的标准差

7天要糟糕，并且普遍赞同"迟比没有好"这样一个观点。这一排序结果在对照组中占据了绝对优势（占比98.9%），在实验组中也很普遍（占比74.4%）。

这一观点在GPC问题2的统计结果中也得到了验证。图4.2显示受访者对匮乏时间的变化的满意度水平均低于4，这意味着所有的受访者都不喜欢更长的匮乏时间。值得注意的是，这一结论的得出与是否经历过灾害以及考虑的是什么类型的应急物资均无关，即无论如何，人们对于匮乏时间的增加都普遍持有更加消极的态度。

结论1：总体而言，受访者对于匮乏时间的增加持消极态度。他们相信随着匮乏时间的延长，人们的痛苦水平也会提升。这一态度不受灾害经历和物资种类影响。

问题2：有无灾害经历是否影响其对人类痛苦程度的感知？

从表4.3中可以看出，实验组、医疗组和对照组对于匮乏时间增加虽有一致的偏好态度，但其变化趋势却有着微妙的差异。作者及其研究团队对此现象进行了深入分析，通过图4.1可以看出，实验组对于匮乏时间排序结果的标准差明显大于对照组，进一步的多变量测试表明，实验组和对照组对于匮乏时间的整体排序具有显著的差异（相关系数=0.000<0.05）。因此，可以推断经历过灾害和没有经历过灾害的受访者对于匮乏时间的排序持有明显不同的看法。在对照组中，几乎全部受访者都给出了相同的答案，"第3天>第7天>第15天"这一排序结果占据了绝对优势（占比98.9%）。相比之下，在实验组中，只有74.4%的受访者认同这一排序结果，而"第3天>第7天=始终没有"和"第3天>第15天>第7天"这两种排序结果不仅存在，甚至在所有受访者中占比高达25.6%。上述两种不同的排序结果表明，其回答者认同这样的观点：匮乏时间从3天增加到7天比其从7天增加到15天更糟糕。

作者及其研究团队对给出上述排序结果的63位受访者进行了进一步的分析，但并没发现他们有什么共同特征。大多数人只是纯粹地认为一个星期没有物资感觉太难受了，简直和15天没有区别。还有一些受访者宣称7天比15天甚至更糟。例如，其中一名受访者说道："15天的时间简直太长了，我可等不了那么久。在这种情况下，我会毫无疑问地选择自救。15天虽然很糟糕，但是起码让我更容易做出决定。相比之下，7天太让我为难了，让我很难做出决定。这就是我不喜欢7天的缘故。"另一位受访者表示："7天已经太久了。如果我得不到任何援助，我可能根本活不过7天，所以我根本就不在乎能不能熬到第15天。"这些回答似乎表明遭遇过灾害的个体更容易受到恐惧和焦虑等感觉的影响，而7天的等待（救援）时间对他们而言似乎是一个关键的时刻，一旦超过7天他们或许会彻底地绝望，认为自己永远得不到救援，或者无法想象超过7天的情况。以上仅仅是作者的一些猜想，但是这些受访者的回答在某些程度上或许能够说明一些问题，因为相比之下没有经历过灾害的受访者并不会体现出这一态度。有关这一"非理性"的态度仍需要进一步的研究以揭示其原因。

图 4.2 显示尽管所有受访者对匮乏时间增加的满意度都低于 4,但对照组和实验组却呈现出不同的变化趋势。在对照组中,受访者的满意度呈现出持续下降的趋势,这一趋势在缺乏食物(3.15>1.99>1.88)和帐篷(2.73>1.85>1.79)时都得到了体现。在实验组中,满意度数值先下降,之后反而上升,这一趋势与物资种类无关,在缺乏食物(2.99>1.92<2.41)、帐篷(2.53>1.93<2.89)和药品(2.59>1.89<2.63)的情况下皆是如此。上述差异表明,在考虑同一物资(帐篷、食物)、不同匮乏时间相互比较的情境下,经历过灾害和没有经历过灾害的受访者在较短的时间范围内表达出类似的偏好强度,然而随着匮乏时间的增加,二者的偏好强度表现出明显的差异。由于数字越小表示不满意度越高,这意味着,对于经历过灾害的人而言,其因物资匮乏而产生的痛苦水平虽然一直匮乏时间而上升,但并非人们普遍所认为的加速上升(对照组),其增长速率实际上呈现先快后慢的变化趋势。因此,可以得出以下结论。

结论 2:有过灾害经历和没有灾害经历的受访者对于人类痛苦程度随匮乏时间的变化具有不同的理解。对没有经历过灾害的受访者而言,痛苦程度会随着匮乏时间的增加而加速增加;而对于经历过灾害的受访者而言,痛苦程度的增长速率在初始阶段会随着匮乏时间的增加而持续加快,但在后期会减慢。

问题 3:由不同类型物资的匮乏引发的痛苦程度是否有区别?

图 4.3 显示,在所有的时间点上,受访者对于"帐篷与药品对比"偏好态度的平均值始终低于 4。这说明,与缺乏帐篷相比,受访者对于缺乏药品的不满意度更大,这一倾向不随匮乏时间的变化而变化。在实验组中,受访者对于"帐篷与食物对比"偏好态度的平均值在第三天稍大于 4,这表明当匮乏时间相对较短时,食物匮乏带来的痛苦略小于帐篷;而随着匮乏时间的增加,受访者对于"帐篷与食物对比"的偏好态度在第 7 天降至 4 以下,并且在第 15 天更低。这一变化表明,受访者认为在匮乏时间较长的情况下,缺乏食物比缺乏帐篷更为痛苦。这一结果也与大众的直觉相符,即重要物资的需求优先级理应比一般性物资更高。当然,这些物资的重要性可能因当地环境、经济、文化发展而异,也取决于具体的背景如安全问题等。目前,还需要更多的研究来进一步界定应急物资的重要程度。综上所述,可以得到的结论是:由不同类型物资的匮乏引发的痛苦程度存在显著差异。

统计结果的标准差同样能揭示一些有趣的信息。图 4.3 显示"帐篷与药品对比"的标准差远低于"帐篷与食物对比"。这表明受访者对于重要的应急物资如药品表现出了更为一致的态度,而对于食物的意见分歧更大,药品的数据要比食物和帐篷的数据更加可靠。至于重要物资如药品的缺乏导致的痛苦是否更为普遍,食物和帐篷等应急物资的重要性是否更加依赖于当地环境或经济、文化的发展，还有待进一步的研究予以验证。

结论 3：不同种类物资的匮乏会给灾民带来不同水平的痛苦；大众普遍认为更加重要的物资的匮乏确实会导致更多的痛苦，且其数据更具有稳定性和一致性。

第四节 NRS 问题与统计结果分析

在实际调研过程中，NRS 问题是紧接着三个 GPC 问题之后展开的。在测量时，作者及其研究团队询问了受访者在不同情境下的痛苦程度。调研中提供的情境包括两种变量：物资类型和匮乏时间，其中物资类型包括帐篷、食物和药品，而匮乏时间则被分为 1 天、3 天、7 天和 15 天这四个特定的时间点。通过不同物资类型和时间点的组合，可以得到不同的情境。具体而言，受访者被要求从 0～10 中选择一个数字，用来表示其在不同情境下的痛苦程度（0 表示没有痛苦，10 表示极度痛苦）。受访者需要根据下述问题，给出 0～10 的评分："假设灾害发生之后的瞬间您的痛苦程度是 0，一直没有得到帐篷/食物/药品的救助所导致的最大痛苦程度是 10。请从 0～10 中选择一个数字，用以表示您在 1 天/3 天/7 天/15 天之内，没有得到帐篷/食物/药品的救助所导致的痛苦。"

在实验组中，作者及其研究团队对帐篷、食物和药品（医疗组）的匮乏水平进行了测量，对于对照组则只考虑了帐篷这一种物资。表 4.5 给出了 NRS 数据的统计结果。

表 4.5 不同情境下因物资匮乏而导致的痛苦程度数据统计结果

匮乏时间	平均值（标准差）			
	实验组		医疗组	对照组
	缺乏帐篷	缺乏食物	缺乏药品	缺乏帐篷
1 天	1.089（0.081）	1.085（0.078）	1.813（0.694）	1.2553（0.3178）
3 天	3.983（1.691）	3.671（1.855）	5.281（1.702）	3.234（1.4346）
7 天	7.504（2.518）	7.524（2.388）	8.563（1.100）	6.5106（3.1435）
15 天	9.748（0.392）	9.740（0.452）	9.771（0.343）	9.7234（0.4341）

对于得到的 NRS 数据，作者及其研究团队采用最小二乘法进行曲线回归分析，并通过 F-检验评估回归结果的统计显著性。作者及其研究团队尝试了 14 种常见函数，包括线性函数、幂函数、指数函数、对数函数、倒数函数、Logistic（逻辑斯谛）增长函数等。回归结果显示，只有 Logistic 增长函数 $Y = k/(1+ae^{-bx})$

适用于实验组和医疗组的数据拟合;而对于对照组的数据,仅有幂函数 $Y=1/(ax^{-b})$ 通过了显著性检验。表4.6 展示了通过回归分析拟合的匮乏水平函数。

表 4.6 匮乏水平函数

组别	物资	模型	R^2	校正后 R^2	F
实验组	帐篷	$Y=\dfrac{9.752874}{1+4.2047e^{-0.7437X}}$	0.9229^2	0.8518	28.7406
实验组	食物	$Y=\dfrac{9.745492}{1+4.228e^{-0.7407X}}$	0.9253^2	0.8562	29.7688
医疗组	药品	$Y=\dfrac{9.772697}{1+3.9031e^{-0.7919X}}$	0.9187^2	0.8439	27.0348
对照组	帐篷	$Y=\dfrac{1}{0.9914X^{-0.9204}}$	0.9939^2	0.9878	404.5250

实验组与医疗组的数据都符合 Logistic 增长函数形式,这是一种常见的 S 形函数,该函数具有自我抑制的特点:起初阶段大致呈现指数增长规律;到某一阶段函数开始走向饱和,增速放缓;最后,达到成熟时停止增长。Logistic 增长函数最早应用于研究人口增长的课题,经过多年的发展已被广泛运用于会计学和经济学领域的研究。事实上很多变量随时间的变化都呈现为 S 形,例如,前景理论中的价值函数和产品生命周期理论的传统曲线。

根据表4.6 中展示的匮乏水平函数,可以拟合出图4.4 所示的匮乏水平函数曲线,这些曲线生动地展示了灾民的痛苦程度随匮乏时间的演化过程。可以看出,

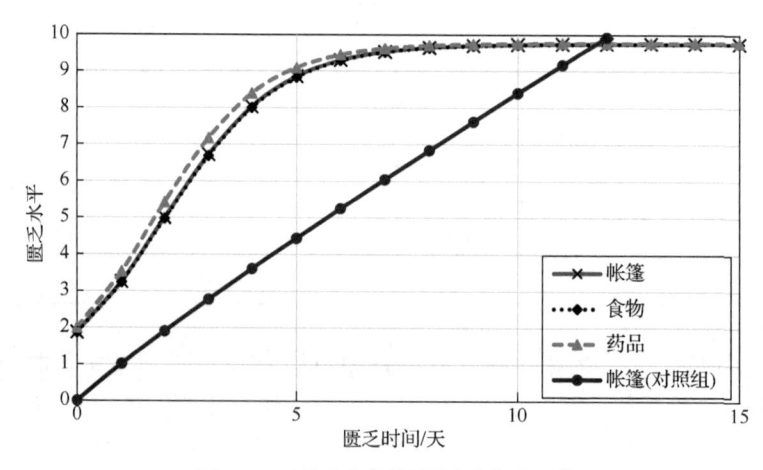

图 4.4 三种应急物资的匮乏水平函数

对于经历过灾害的受访者而言，匮乏水平函数遵循同样的趋势：一开始，随着匮乏时间的增加，匮乏水平迅速增加；到达某一点之后，匮乏水平继续增长但增长率开始放缓，曲线表现出凹性。无论是帐篷、食物还是药品的匮乏水平函数均表现出了相同的趋势。简而言之，匮乏水平函数拥有弱单调性、非线性以及先凸后凹性。

弱单调性表示匮乏水平函数是非递减的，不是一直处于增长状态。不妨设想一下，面对一场严重的灾害，食物补给需要很久（如半个月）才能到达受灾地区。在食物到达以前，受灾人口将遭受严重的痛苦，但是具体是 14 天还是 15 天甚至更长时间没有食物对他们的影响实际上已经区别不大了。因此，用弱单调性来形容匮乏水平函数是比较准确的说法。

该函数的非线性特征源自人类在生命维持物资出现短缺时的本能反应。在匮乏时间较短时，大部分健康个体以常态或者接近常态的方式消耗身体储备，尚能短暂地应对物资短缺问题，但随着匮乏时间的增加以及身体储备的耗损，灾民所面临的痛苦将快速累积，呈现非线性的增加趋势。

先凸后凹性表示匮乏水平函数初期表现为凸函数，但随着时间的推移逐步转变成凹函数。匮乏水平函数只在一开始的时候表现为凸性，对应现实情况即为灾害发生后，如果没有及时的救援行动，物资匮乏给灾民带来的痛苦程度符合先缓慢升高后来越升越快的趋势；然而，匮乏水平也不可能无休止地增长，在某个时间点之后，匮乏水平的增长速率将会放缓，曲线开始呈现出凹性，直至最终趋于一条直线。

匮乏水平是标准化的灾民痛苦量化指标，其特征和变化趋势应当能够完全反映出灾民由于缺乏物资或服务所承受的痛苦，因此通过拟合所获得的匮乏水平函数需要能够经受住实证的检验。这里再次讨论本章第三节所提出的研究问题。

首先，从图 4.4 中可以看出，无论实验组还是对照组，灾民的匮乏水平都表现出了随匮乏时间增长的趋势，与第三节的结论一致。

其次，图 4.4 显示出实验组和对照组存在明显的差异，其中实验组的匮乏水平函数曲线呈现先凸后凹的增长趋势，但对照组曲线则是接近线性的凹函数，即其匮乏水平的增长率在一开始的时候就已达到最大，但随着时间的推移逐渐下降。这种差异表明经历过灾害的灾民/救灾工作人员和未经历过灾害的人的想法是存在较大区别的。

最后，虽然从特征的角度来看，根据实验组和医疗组的结果测得的不同应急物资的匮乏水平函数均呈现弱单调性、非线性和先凸后凹性，但是其函数和曲线本身还是存在差异，即不同种类物资的匮乏会给灾民带来不同水平的痛苦。不过从图 4.4 中可以看出，帐篷和食物的匮乏水平函数曲线几乎重合，这与顶点选取有很大的关系，在第五节会进一步说明。

根据上述比较结果，可以得出最终结论，即通过 NRS 法估算出来的匮乏水平函数的特征与通过 GPC 法获得的观测结论是基本一致的，这表明匮乏水平函数模型是可靠的，它使痛苦程度的量化分析变得可能，也意味着在灾后应急物流模型中引入匮乏的概念具有实用性和普适性。

第五节　再次调研测量匮乏水平

第三章系统性地介绍了匮乏成本的测量，并且给出了四川芦山县调研的实例以及相应数据。事实上，在收集匮乏成本（即 WTP）数据的同时，作者及其研究团队同样收集了匮乏水平（即 NRS）数据，具体的问卷设计、描述性统计、调研情况等在第三章已经详细阐述过了，此处不再赘述。同理，针对匮乏水平的调研问卷设计、调研步骤等也与本章第二节所述基本相同，区别在于再次测量针对的应急物资为饮用水、食物、帐篷，且规定了灾民缺少饮用水/食物/帐篷达到 7 天/15 天/30 天就会死亡，这也就意味着对应的匮乏函数将在这些匮乏时间点达到最大值。除此以外，缺少帐篷、食物的匮乏时间点为 1 天/2 天/4 天/7 天/10 天，而缺少饮用水的匮乏时间点为 4h/8h/16h/24h/48h。表 4.7 展示了调研收集的 NRS 数据。

表 4.7　芦山调研的 NRS 数据

匮乏时间	平均值（标准差）		
	缺少帐篷	缺少食物	缺少饮用水
1 天（帐篷、食物）/4h（饮用水）	1.36（1.45）	2.07（1.77）	1.72（1.53）
2 天（帐篷、食物）/8h（饮用水）	2.80（1.57）	3.97（2.10）	3.08（1.80）
4 天（帐篷、食物）/16h（饮用水）	4.38（2.11）	6.38（2.33）	4.30（2.06）
7 天（帐篷、食物）/24h（饮用水）	5.84（2.05）	7.16（2.00）	5.21（2.18）
10 天（帐篷、食物）/48h（饮用水）	7.74（1.99）	9.16（1.42）	6.96（2.09）

结合之前所说的顶点，可以用这些数据来拟合匮乏水平函数。仍然采用最小二乘法进行曲线回归，并采用 F-检验对数据显著性进行验证。在尝试了诸多不同类型的函数如线性函数、指数函数、对数函数、幂函数等之后，结果表明对于全部三种应急物资，对数函数具有最高的拟合优度，拟合结果如表 4.8 所示。

表 4.8 匮乏水平函数拟合结果

应急物资	模型	R^2	r	F
帐篷	NRS=2.6257ln（DT）+1.0962	0.9861	0.9930	284.4979
食物	NRS=2.9425ln（DT）+2.0246	0.9876	0.9938	318.3476
饮用水	NRS=2.2217ln（DT）+5.4528	0.9945	0.9972	718.5197

显著性检验列标题跨越 R^2、r、F 三列。

事实证明，三种应急物资的匮乏水平函数均表现为对数函数的形式，具有单调性、非线性和凹性，如图 4.5 所示。需要注意的是，此次拟合的函数与上文中拟合出来的函数有些不同，但是这些不同仅在零点附近，对于后续的趋势两者还是基本一致的。究其原因，作者认为，突发事件刚刚发生后不久，情况本就存在很大的不确定性，且由于研究重点是曲线的总体趋势而非零点附近的变化，所以在零点周围取的点较少，这就导致不同数据源得到的拟合函数出现差异。总体来说，由于曲线的大体趋势并未改变，因此作者认为对数函数也是合适的匮乏水平函数。

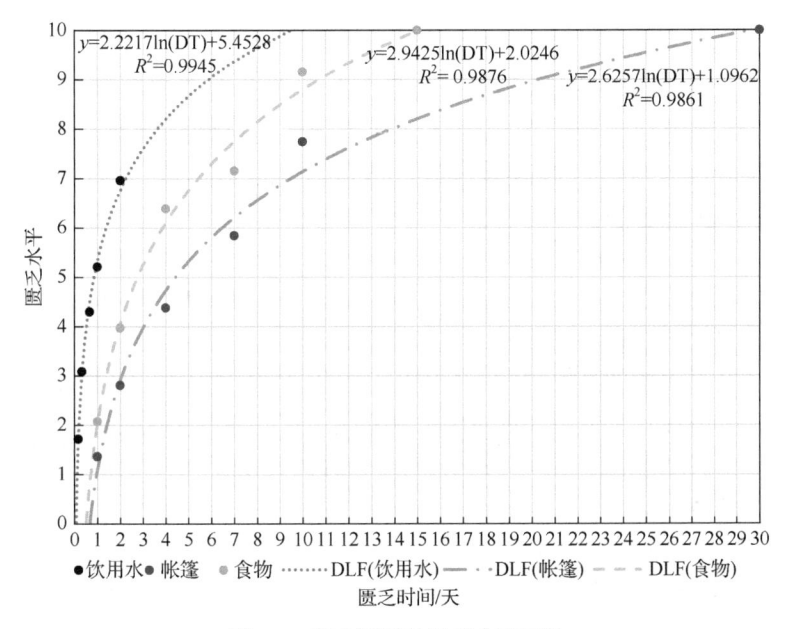

图 4.5 芦山调研的匮乏水平函数

除此以外，通过设定不同的顶点，可以发现食物和帐篷的匮乏水平曲线得到了区分，进而能够说明不同种类物资的匮乏水平函数还是具有显著区别的，第四节中两者的曲线相近与测量时匮乏时间点的选取较少、未设定合适的顶点有很大关系。综上所述，尽管饮用水、食物、帐篷的匮乏水平函数特征仍然一致，但显然不同种类物资的匮乏会给灾民带来不同水平的痛苦。

第六节 本章小结

在前人研究的基础上，本章主要讨论了匮乏理论的另一块拼图——匮乏水平，通过 GPC 方法分析了在缺乏不同应急物资情况下所产生的痛苦随时间的变化趋势与特征，并收集 NRS 数据实现了对匮乏水平的测量及函数构建。研究发现，匮乏水平函数能够经受实证的检验，能够反映真实情况，具有普适性和代表性。

本章的内容可以总结为以下值得推广的结论。

（1）有过灾害经历和没有灾害经历的人对于痛苦程度随匮乏时间的变化具有不同的理解。因此，在设计实验和调研问卷时需要格外注意调研对象的选择，在有条件的情况下尽可能以灾民为对象，考虑前往灾害发生较为频繁的地区进行调研。这一发现对于应急运作实践也有很重要的价值。由于存在上述视角差异，在救援工作中，救援组织有可能忽视或者低估了灾难中个体的情感与需求。为了充分尊重与保障受灾人员的基本需求与价值追求，应急救援工作应该强调公众参与，鼓励受灾人员积极参与救援计划的制订、实施、监督与评价。

（2）本章介绍的研究内容表明，使用 GPC 和 NRS 方法可以从经历过灾害的受访者身上获取量化人类痛苦的相关信息，对这些信息的分析可以为应急物流决策提供帮助。长期以来，在收集数据时，应急物资的接收者往往不受重视，甚至不被当作可靠的信息源，研究人员主要有两大顾虑：一是担心缺乏数据；二是担心数据的可信度。本章的研究表明，救援工作者和灾害应急物流研究人员应该更多地听取救援物资接收者的意见，通过合适的方法（如 GPC 和 NRS）测量他们的感知与偏好，可以得到足够的、可靠的数据。这一"以人为本"的原则也适用于灾害应急管理领域的其他研究，例如，应急物资交付优先顺序、公平性问题等。

（3）人的痛苦水平可测并可量化，能够用一定的函数形式表达。匮乏水平直接测量人的痛苦水平，它可以从救援物资接收者的角度比较不同的灾害应急物流运作方案的成效。

尽管对于匮乏水平的研究仍处于探索阶段，但是本章内容详细地阐述了匮乏水平性质的探索以及函数的构建，这些工作对灾害应急管理理论研究及其实践具有重要的贡献。

（1）理论贡献。本章研究了应急物流领域亟须解决的关键问题，提出了匮乏水平的概念，考虑了救援物资接收者的痛苦程度，充分体现了"减少灾民所受的痛苦"这一"以人为本"的价值理念。匮乏水平概念的提出有助于突破传统运作管理与灾害运作管理之间的壁垒，促进商业物流研究成果向应急物流研究的转化。

除此以外，相关工作基于匮乏水平提出了一种直接测量灾民痛苦感受以衡量救援绩效的方法，而实证研究的结论与这一测量方法的结果展现出一致性，说明这一方法具有稳健性，也为其他难以量化的目标的度量提供了借鉴。

（2）实践贡献。本章的研究内容对于救援组织了解灾民的基本需求与价值诉求具有重要的参考价值。相关工作通过实证研究探索了灾民的痛苦感受随时间的变化关系，并分析了物资类型对匮乏水平的影响。在应急运作中，决策者可以据此分析救援行动的关键要素、预判救援方案绩效，从而制订、实施、控制以最小化灾民所受痛苦的救援方案，保障灾民的基本需求与价值诉求。另外，相关工作也揭示了灾害经历对匮乏水平感知判断的影响，指出在救援运作中要倡导人民群众积极参与，这是尽可能满足受灾人员基本需求与价值诉求的重要举措。

第五章　基于匮乏理论的应急物流决策模型构建

在明确了匮乏成本与匮乏水平的测量方法以及函数构建方法后，即可考虑将匮乏理论应用到应急物流决策模型中。在此之前，首先需要了解当前针对不同灾害场景的应急物流决策模型如何构建、存在什么问题，然后建立一般性的模型框架，最后结合匮乏理论进行应用。本章将遵循上述思路，对基于匮乏理论的应急物流决策模型框架构建进行详细介绍。

第一节　影响应急物流决策模型分类的因素

一、应急物流的阶段

根据Tomasini和Van Wassenhove的研究[2]，应急物流一般包含预防、准备、响应、恢复四个阶段。在这四个阶段中，预防阶段的主要工作是通过制定相关法律法规以及建立健全相关机制体制来减少社会中存在的各种隐患，增强对突发事件的抵御能力。准备阶段主要考虑如何对即将到来的危机做出提前计划与安排。响应阶段是应急管理的核心，旨在通过各种手段直接应对突发事件造成的破坏，尽可能地保障人民群众的生命和财产安全，减小突发事件对社会和经济的负面影响。恢复阶段则是在响应阶段之后，主要包括灾区的重建以及灾民生活的恢复。显而易见，预防阶段属于平时的常规工作，与物流不甚相关；而恢复阶段虽然与物流有着密切的联系，但是由于紧急情况已过，这一阶段的物流活动与传统的经济物流活动更加类似。因此，研究者一般认为预防阶段和恢复阶段不在应急物流的考虑范畴之内，主要讨论准备阶段和响应阶段。

通过文献回顾可以发现，应急物资储备库的选址问题、仓储问题、应急设施的提前安置问题、应急物资的提前采购问题一般在准备阶段进行研究。例如，Huang等[19]研究了准备阶段针对大型灾害的应急设施选址问题，他们考虑了灾害发生后整个城市的大部分设施都可能失去功能的情况，并采用动态规划的方法求解了在不确定性假设下的设施选址问题；Davis等[14]则研究了在灾害准备阶段应当如何进行库存规划和协调，他们利用短期内的有效信息（如台风的预测）来进行更加有效的物资筹措与准备。相应地，运输问题、路径规划问题、应急物资分配与发放问题一般在响应阶段进行研究。例如，Nolz等[108]考虑了物流系统的设计问题，以确保在灾害发生后基础设施有可能损毁并对物资运送造成干扰和影响的情况下，物资的分发能够正常进行；Barbarosoğlu 和 Arda[11]提出了一个两阶段随机规划模型，以确保紧急响应阶段重要物资的运送；Wang 等[109]主要研究了地震后的救灾物资分发问题，他们建立了一个非线性整数规划模型并考虑了运输时间、总成本以及可靠性。总而言之，在不同的应急物流阶段，人们需要面对不同的物流问题，所以区分应急物流的阶段是非常重要的。

二、目标函数

目标函数是物流决策模型的核心，也是建立模型框架不可缺少的一部分。可以发现，有关于应急物流决策模型的目标函数一般分为三大类：效果类函数、成本类函数以及公平性函数，这三者也是应急物流研究学者和专家所关心的重点[10, 110]，即如何提升应急物流的效果，如何降低应急物流的成本以及如何确保应急物流分配的公平性。根据 Gralla 等的研究[10]，效果是应急物流最重要的指标，这也与我国的国情相契合，毕竟应急物流的最终目的是尽可能保障灾民的生命财产安全，减轻灾民的痛苦，应急物流行动的效果越好，代表灾民受到的救助越有力。事实上，很多的目标函数都属于这一类，常见的有最小化运输时间、最大化覆盖率以及最小化未满足需求等。然而，这些目标函数难以准确衡量灾民的痛苦感受随匮乏时间的非线性动态变化，这在前文中介绍匮乏理论时已详细阐述，此处不再赘述。

成本类函数主要包括仓库建设成本、储存成本、交通运输成本以及物资未能及时运到而导致的惩罚成本等。从传统物流的角度来看，成本是物流活动非常重要的决策因素，但是应急物流的根本目的并非谋利，因此成本并不是应急物流所要考虑的首要因素。例如，汶川地震发生后，我国几乎是不惜一切代价地抢救被困人员，确保人民群众的生命安全。为此，政府出动了大量的直升机进行物资空投，并组织抢险队连夜修复道路和通信设施。当然，在绝大多数情况下，成本还是一个影响应急物流的重要因素，应当在决策模型中加以考虑。

除了效果和成本类的函数，公平性函数也经常出现在应急物流决策模型中。衡量公平性的函数形式多种多样，例如，方差、标准差、基尼系数等公平指标函数，最大最小化函数，Alpha-公平框架函数等[111]。近年来，越来越多的研究开始关注公平性，但是很少有研究单独将公平性作为唯一的目标函数，大多数情况下，公平性都会作为次要的目标函数与效果或者成本类函数构成多目标规划模型。

三、约束条件

除了目标函数，约束条件也是建立数学规划模型必不可少的。与目标函数不同的是，约束条件主要起到辅助作用，以帮助更好地描述问题和规范模型。通过文献综述可以发现，当前物流决策模型中绝大多数的约束可以归结为容量约束、预算约束、效果约束和公平性约束。

容量约束一般包括但不限于供应能力约束、仓库储存容量约束以及交通工具的容量约束。例如，Jabbarzadeh 等[112]在考虑血液供应的鲁棒优化网络问题时在模型中加入了供应能力约束，Sheu 和 Pan[113]研究了应对大型自然灾害的集中式紧急供应网络，同样也考虑了供应能力的约束；Rawls 和 Turnquist[114]讨论了准备阶段应急物资储备库的选址问题，将仓库的储存容量约束考虑在内。类似的例子还有很多，这些例子表明，容量约束的类型往往与研究的问题息息相关，换个角度来说，这些容量约束使应急物流模型更加适配于相应的具体问题。当然，容量约束也不是一成不变的，例如，临时增加的运力、因灾害原因导致的道路损毁等，都会影响容量约束，进而影响整个模型的求解。

另外一个很重要的约束条件就是预算约束。正如任何行动都需要制订计划一样，预算本身就是计划的一部分。在我国，应对突发事件的应急物流行动主要由政府主导，各级政府针对相应的行动如应急物资储备库的建设、灾害发生后的应对措施等都有一定的预算。在研究中，应急物流决策模型考虑预算约束的例子也较为常见。例如，Rath 和 Gutjahr[115]讨论了应急物资储备库的选址以及物资调度的路线问题，在建立数学规划模型时考虑了预算约束；Rennemo 等[116]则综合考虑了应急设施的选址、应急物资的分配与调度以及"最后一公里"的发放等多个问题，同样在数学建模时加入了预算约束。显而易见，预算能够对应急物流行动的实施产生很大的影响，因此在相应的数学规划模型中非常重要。

除了容量约束和预算约束之外，效果约束和公平性约束也经常出现在应急物流决策模型中。在对目标函数进行优化的时候，很多模型都会假定能够满足一定的前提条件，例如，所有需求点都能够覆盖、能够全部满足灾民需求、需要保证最差的需求点至少能够分配到一定的物资等。相比于容量约束和预算约束一般给变量设置上限，效果约束和公平性约束一般是设置一个下限，即在保证至少能够达到一定效果、一定程度的公平时，尽可能对目标函数进行优化。采用效果约束和公平性约束的研究也有很多，例如，Barbarosoğlu 和 Arda[11]就假设所有灾民的需求一定都能够被满足，而 Noham 和 Tzur[117]则在研究应急网络规划（选址与分配）时考虑了完全/不完全公平的两种情况作为模型的约束条件。

四、其他因素

除了应急物流的阶段、目标函数和约束条件之外，显然还有许多其他的因素能够对应急运作产生影响。例如，我国的应急救援行动主要由政府主导，而国际上的应急救援行动大多数由非政府组织主导，尽管两者的出发点都是为了尽可能维护灾民的生命财产安全，减轻灾民的痛苦，但是由于两者在能力、经济实力、影响力上的不同，即使应对一模一样的灾害，可能做出的决策也会完全不同。但是，需要注意的是，这些因素都是通过影响目标函数或者约束条件，间接地影响物流决策模型的，而且相比于应急物流阶段这个对于任何突发事件都适用的最一般的分类标准，这些因素并不适合具有一般性的模型框架。因此，作者仅提取了应急物流的阶段、目标函数和约束条件作为影响应急物流决策模型分类的因素，如表 5.1 所示。

表 5.1 影响应急物流决策模型分类的因素

应急物流的阶段	准备阶段		响应阶段	
目标函数	效果类函数		成本类函数	公平性函数
约束条件	容量约束	预算约束	效果约束	公平性约束

第二节 以情境为导向的应急物流决策模型分类

虽然上述三种因素对于应急物流决策建模都非常重要，但是它们的功能不尽相同。应急物流的阶段和目标函数主要用于描述应急物流的情境，而约束条件则更多是为了确定情境之后辅助构建模型。因此，首先可以根据应急物流的阶段以及目标函数的不同组合构建四种不同的基本情境，并进一步考虑多目标和跨阶段的情况，将其扩充至九种不同的应急物流情境，然后再考虑约束条件的作用。

一、四种应急物流基本情境

根据前文的论述，首先考虑应急物流的阶段以及不同的目标函数，分别包括准备阶段、响应阶段以及效果类、成本类和公平性函数。但是，由于公平性函数在模型中很少单独作为目标函数，因此在讨论基本情境时主要考虑效果类函数和成本类函数。通过简单的排列组合可以得到以下四种应急物流基本情境。

（1）准备-效果情境：指在准备阶段考虑采用效果类函数充当目标函数。事实上，这种情况在研究和实践中非常常见，尤其是针对应急设施的选址分配问题以及物流网络的规划问题。例如，在准备阶段考虑供应链网络规划问题时，很多数学规划模型会采用最短运输时间、最大化覆盖率等效果类目标函数，以尽可能减轻受灾群众的痛苦。

（2）准备-成本情境：表示在准备阶段重点考虑物流成本。在这种情况下，效果一般会通过某种约束保证，例如，在针对一些不是很严重的灾害做应急预案时，往往认为能够调配的应急物资是足以满足灾民需求的，因此在不会导致较大的痛苦的前提下，决策者往往会追求尽可能地降低成本。

（3）响应-效果情境：指的是在响应阶段考虑效果类目标函数。当重大灾害刚刚发生、正处于黄金救援期时，应急物流行动应致力于尽可能满足灾民的需要，保证灾民的生命安全，减少灾民所受的痛苦，因此，这类场景下考虑效果类目标函数是符合人们的认知的。这点在很多的紧急运输以及物资分发问题上有所体现。

（4）响应-成本情境：考虑了在响应阶段采用成本类函数的情形。面对一些不是很严重的灾害，在确保灾民的需求得到满足的前提下，可以考虑成本最小化。除此以外，在严重灾害响应阶段的后半段，灾民基本上已经得到安置，不再面临生命危险，物资保障也开始到位，只需要满足灾民的日常需求即可，此时再去提升救援行动的效果意义不大，可以考虑尽可能地降低物流成本。

综上所述，四种应急物流基本情境如表 5.2 所示。

表 5.2 四种应急物流基本情境

应急物流的阶段	目标函数	
	效果类函数	成本类函数
准备阶段	准备-效果情境	准备-成本情境
响应阶段	响应-效果情境	响应-成本情境

二、应急物流基本情境的拓展

根据四个应急物流基本情境，已经可以对大部分的应急物流决策模型进行分类和归纳了。然而，由于在实际研究中，很多模型考虑了不止一个目标函数，且有些模型综合考虑了不同阶段的应急物流问题，因此，作者进一步拓展了应急物流基本情境，以满足对这些模型的细分要求。拓展后的应急物流情境共有九种，具体见表 5.3。

表 5.3 应急物流基本情境的拓展

应急物流的阶段	目标函数		
	效果类函数	成本类函数	多目标规划
准备阶段	准备-效果情境	准备-成本情境	准备-效果与成本情境
响应阶段	响应-效果情境	响应-成本情境	响应-效果与成本情境
跨阶段模型	准备与响应-效果情境	准备与响应-成本情境	准备与响应-效果与成本情境

××-效果与成本情境：在××-效果与成本情境中，效果类函数和成本类函

数被同时纳入考虑,同时作为应急物流决策模型的目标函数。准备-效果与成本情境、响应-效果与成本情境以及准备与响应-效果与成本情境均属于这一类,分别表示在准备阶段/响应阶段/两个阶段考虑多目标数学规划模型。在这类情境中,研究者一般会考虑效果与成本的均衡问题。例如,在准备阶段考虑应急物资采购与储备的问题时,如果采购并储备更多的应急物资,无疑能够在灾害发生后更快、更迅速地满足灾民的需求,但是同时也需要负担更加高额的成本。因此,需要对效果和成本进行权衡,既不能为了减少成本导致应急物资严重短缺,也不能一味追求效果而忽略成本,造成资源的浪费。

准备与响应-××情境:指该决策模型对应的问题包含了多个应急物流阶段。该类情境包括准备与响应-效果情境,准备与响应-成本情境以及准备与响应-效果与成本情境,分别对应不同的目标函数。需要注意的是,这类情境下的研究很可能并不局限于单一应急物流问题,其中最常见的例子就是两阶段随机规划模型,即首先在准备阶段考虑应急设施的选址问题,并假设以不同的概率会发生多种不同的情形,采用随机规划的方法求解,然后再解决响应阶段实际情况发生后的应急物资运输与分发问题。这种模型可以减小灾害不确定性带来的影响。

需要注意的是,上述的九种应急物流情境的目标函数中是不包含公平性函数的,作者在讨论应急物流基本情境之前也做出了解释,即目前绝大多数的研究都认为公平性函数不适合作为唯一的目标函数。但是,在考虑了多目标规划的情形之后,有必要将公平性纳入考虑之中,且在绝大多数情境下,公平性都是值得重视的一个因素,因此在上述九种情境之中都应该存在公平性函数或约束。

三、约束条件的作用

上述九种应急物流情境是由应急物流阶段和目标函数的组合拓展而成的,在这九种情境的基础上,需要进一步讨论约束条件在应急物流决策模型中所起的作用。根据上文的讨论,需要研究的约束条件包括容量约束、预算约束、效果约束以及公平性约束。事实上,它们在应急物流情境的基础上进一步反映了模型所研究的问题,并使决策模型更加完整。

容量约束是任何一个具体的应急物流决策模型所必须拥有的约束条件。这取决于应急物流的自然属性,即任何应急资源都不可能是无限的,在决策过程中一定会有相应的限制。例如,交通工具具有一定的运力,仓库也只有一定的容量,一旦忽略这些进行数学建模,很有可能得出与实际完全不符的结论。事实上,在应急物流决策模型的众多约束条件中,大多数都与容量约束有关。因此,容量约束是每个应急物流决策模型所必不可少的。

预算约束也应当是必不可少的，但是很多情况下，预算约束会以容量约束的形式间接展现。预算是应急管理预案与计划的一部分，几乎任何行动都会有相应的预算约束。然而，许多研究并没有直接在模型中体现预算约束，而是将它们隐藏在了容量约束中。事实上，预算约束对容量约束起到重要的影响作用。例如，能够投入应急物流行动的车辆数、应急物资的存量等都取决于各自所拥有的预算，在模型给出了这些容量约束之后，就已经默认这些是在预算约束之内的，单独再列一个预算约束可能并没有太多实际的意义。所以，在大多数情况下，预算约束作为一个默认的隐藏约束并不直接表示出来，但不代表这个约束是不存在的。

在以成本类函数作为目标函数的模型中，效果只能且一定会以目标函数或约束条件的形式出现，以达到与成本的权衡。理论上，所有以成本类函数作为目标函数的模型都应该拥有效果类约束条件，以防止出现为了节约成本而损失大量效果甚至无法满足灾民需求的情况。然而，纵观现有的研究，仍有很大一部分以成本类函数作为目标函数的应急物流决策模型没有效果类约束。通过进一步深入研究可以发现，这些模型要么采用了多目标规划的方式，将效果作为另一个目标函数同时进行优化，要么设立一个效果类惩罚项或者计量短缺的物资数量来确保不会出现极端情况。这两种方式虽然表现形式不同，其本质上都是在目标函数中考虑效果并用来与成本类目标函数进行权衡。因此，有理由相信，效果一定会出现在以成本类函数作为目标函数的应急物流决策模型中，要么以目标函数的方式直接进行权衡，要么以约束条件的方式加以限制。

公平性约束与目标函数均为应急物流中物资分配公平性要求的体现，决策模型中一般会选择其中一种方式来表征公平。除了之前在多目标规划中考虑公平性目标函数，也有很多模型会选择公平性约束，例如，要求分配到各个需求点的应急物资之间的数量差距不能太大、要求保证任一需求点都至少有一部分需求可以得到满足等。

第三节　基于匮乏理论的应急物流决策模型框架构建

根据对九个应急物流情境以及约束条件的讨论，可以建立应急物流决策模型框架，如表5.4所示。通过这个模型框架可以对现有的研究进行梳理，同时使后续的研究更加具有针对性。同时，通过梳理现有的研究，可以避免有些问题被过度研究而有些问题则被忽视的情况。总体而言，该模型框架的覆盖面还是比较广泛的。

表 5.4 应急物流决策模型框架

应急物流的阶段	目标函数		
	效果类函数	成本类函数	多目标规划
准备阶段	准备-效果情境： 效果类函数 公平性函数 s.t. 预算约束 容量约束 公平性约束	准备-成本情境： 成本类函数+效果类惩罚项 公平性函数 s.t. 预算约束 容量约束 效果约束 公平性约束	准备-效果与成本情境： 效果类函数 成本类函数 公平性函数 s.t. 预算约束 容量约束 公平性约束
响应阶段	响应-效果情境： 效果类函数 公平性函数 s.t. 预算约束 容量约束 公平性约束	响应-成本情境： 成本类函数+效果类惩罚项 公平性函数 s.t. 预算约束 容量约束 效果约束 公平性约束	响应-效果与成本情境： 效果类函数 成本类函数 公平性函数 s.t. 预算约束 容量约束 公平性约束
跨阶段模型	准备与响应-效果情境： （准备-效果情境+响应-效果/成本情境）或者（准备-效果/成本情境+响应-效果情境）	准备与响应-成本情境： （准备-成本情境+响应-效果/成本情境）或者（准备-效果/成本情境+响应-成本情境）	准备与响应-效果与成本情境： （准备-效果与成本情境+响应-效果/成本/效果与成本情境）或者（准备-效果/成本/效果与成本情境+响应-效果与成本情境）

注：表中加下划线的效果类惩罚项/效果约束一般有且仅有一项出现，公平性函数/公平性约束同理。

在建立模型框架的过程中容易发现，应急物流决策模型的研究越来越复杂。相比于以往大多数的研究仅考虑单阶段单目标的规划问题，近年来的研究越来越多地开始考虑跨阶段的物流问题，并采用多目标规划的方式尝试解决更复杂的问题。同时，更多的方法如两阶段随机规划、鲁棒优化等也被用于解决由突发事件不确定性导致需求、供给、基础设施的不确定性的情况。除此以外，分配的公平性也得到了更多的重视。虽然很早就有针对公平性的研究，但是直到近年来才有越来越多的研究者将公平性与应急物流联系到一起。尽管到目前为止，极少有公平性函数作为模型唯一的目标函数的情况出现，但是作为多目标规划中的次要目标函数，公平性还是应当加以重视的。另外，强调效果和成本仍然是应急物流决策模型研究的主旋律，它们一般都会同时出现在模型之中并相互制衡。当效果作为目标函数的时候，成本可能会以次要目标函数或者约束的形式出现，反之亦然。这些发现对于更好地梳理现有的应急物流决策建模研究以及指出未来的研究方向有着重要的意义。

在上文中作者曾不止一次地提及，基于匮乏理论构建的目标函数可以衡量应急救援行动的效果。应急救援行动的目的在于尽可能地满足灾民的需求，减轻灾民的痛苦，假设救援队伍在救灾周期 T 内未曾采取任何行动，那么灾民所感受到的因物资匮乏而造成的痛苦应为 QHS(T)，此处 QHS 表示量化人类痛苦（quantified human suffering），可以通过匮乏成本或匮乏水平函数表示。通过应急救援行动，保证灾民在等待了一定时间 t 之后就可以获得应急物资，可以将灾民的痛苦程度降至 QHS(t)，具体计算方式与应急物资种类、实际情况有关。因此，应急救援行动的效果 K 可以表示为因实施应急救援行动而降低的灾民痛苦程度，即 $K = \text{QHS}(T) - \text{QHS}(t)$。

进一步地，可以定义应急救援行动的相对效果成本比，用来权衡应急救援行动的效果与成本。根据医疗科学领域的相关概念[118]，相对效果成本比表示成本的变化对效果的影响程度，即不同方案下的效果变化与成本变化的比值。不妨用 i_1 和 i_2 代指两种不同的应急救援方案，用 K^{i_1} 和 K^{i_2} 表示不同方案下应急救援行动的效果，Ω^{i_1} 和 Ω^{i_2} 表示各自方案的物流成本，则相对效果成本比 CE 可以表示为 $\text{CE} = \dfrac{K^{i_1} - K^{i_2}}{\Omega^{i_1} - \Omega^{i_2}}$。如果将方案 i_2 看成完全不采取任何行动的方案，则 $K^{i_2} = \text{QHS}(T) - \text{QHS}(T) = 0$，$\Omega^{i_2} = 0$，则应急救援行动的效果成本比即 $\text{CE} = \dfrac{K}{\Omega}$，其中 K 可以用匮乏成本或匮乏水平函数表示。

根据上述定义，可以运用基于匮乏理论的 QHS 表征应急物流决策模型框架中的效果类函数，运用相对效果成本比表征效果类函数与成本类函数的权衡。基于此，可以得到调整后的应急物流决策模型框架。

事实上，表 5.5 展示的基于匮乏理论的应急物流决策模型框架大致反映了当前匮乏理论相关建模研究的发展情况（见本书第二章以及 Shao 等[119]的详细介绍），即部分直接以匮乏成本作为目标函数，而部分采用社会成本作为目标函数。不同之处在于，目前极少有研究将相对效果成本比作为效果与成本的权衡指标，绝大多数文献还是采用将匮乏成本/社会成本作为多目标规划之一的方式。因此，该模型框架具有一定的合理性和前瞻性，有利于推动匮乏理论在应急物流管理中的发展。

表 5.5 基于匮乏理论的应急物流决策模型框架

应急物流的阶段	目标函数		
	效果类函数	成本类函数	多目标规划
准备阶段	准备-效果情境： 量化人类痛苦 公平性函数 s.t. 预算约束 容量约束 公平性约束	准备-成本情境： 成本类函数+量化人类痛苦 （社会成本） 公平性函数 s.t. 预算约束 容量约束 公平性约束	准备-效果与成本情境： 相对效果成本比 公平性函数 s.t. 预算约束 容量约束 公平性约束

续表

应急物流的阶段	目标函数		
	效果类函数	成本类函数	多目标规划
响应阶段	响应-效果情境： 量化人类痛苦 <u>公平性函数</u> s.t. 预算约束 容量约束 <u>公平性约束</u>	响应-成本情境： 成本类函数+量化人类痛苦（社会成本） <u>公平性函数</u> s.t. 预算约束 容量约束 <u>公平性约束</u>	响应-效果与成本情境： 相对效果成本比 <u>公平性函数</u> s.t. 预算约束 容量约束 <u>公平性约束</u>
跨阶段模型	准备与响应-效果情境： （准备-效果情境+响应-效果/成本情境）或者（准备-效果/成本情境+响应-效果情境）	准备与响应-成本情境： （准备-成本情境+响应-效果/成本情境）或者（准备-效果/成本情境+响应-成本情境）	准备与响应-效果与成本情境： （准备-效果与成本情境+响应-效果/成本/效果与成本情境）或者（准备-效果/成本/效果与成本情境+响应-效果与成本情境）

注：表中加下划线的公平性函数/公平性约束一般有且仅有一项出现。

第四节 本章小结

本章构建了基于匮乏理论的、以应急物流情境为导向的应急物流决策模型框架。作者首先通过阅读大量相关文献，提炼了影响应急物流决策模型分类的重要因素，即应急物流的阶段、目标函数以及约束条件，然后基于这些重要因素分析不同的应急物流情境，构建了基于匮乏理论的应急物流决策模型框架。相比于问题导向的模型框架，以情境为导向的模型框架只需要总结一般性的应急物流情境，更有利于系统性地梳理相关文献并且对相关模型进行对比。

值得一提的是，首先，虽然模型框架的建立是为了更好地对应急物流决策模型进行分类，但这并不意味着模型框架能够囊括所有模型。其次，不同类型的模型框架（如问题导向或情境导向）各有优劣，本章的主要目的是介绍一种新的、契合匮乏理论的应急物流决策模型框架，并非认为情境导向的框架一定优于问题导向的框架。最后，情境导向的模型框架为应急物流决策模型构建，尤其是基于匮乏理论的决策模型构建提供了新的研究思路和研究方向，后续仍需要更多的相关研究来检验模型框架的合理性以防止误用。

下 篇
匮乏理论应用

第六章 运用匮乏理论衡量应急物资采购协议的缺货成本

在建立了基于匮乏理论的应急物流决策模型框架后,接下来将介绍匮乏理论在应急物流实际运作中的应用。本章首先介绍匮乏理论在应急物资采购中的应用,即衡量商业物流供应链中的"缺货成本",帮助决策者以更加科学、直接的衡量方式计算缺少物资所需要支付的代价。

第一节 背景介绍

近年来,越来越多的自然灾害使我国的应急物流与防灾减灾体系受到严峻的考验,国家也越来越重视相关体系的建设。国务院印发的《"十四五"国家应急体系规划》指出,需要"加快建立储备充足、反应迅速、抗冲击能力强的应急物流体系"。在应急物流运作中,决策者经常面临的一个问题便是不同应急物流目标之间的权衡[10, 110]。一方面,国内外大量的研究均指出,不同于普通的商业物流,应急物流的主要目标是挽救灾民的生命,减轻灾民遭受的痛苦,降低灾民的损失。因此,决策者应当首先关注应急物流行动的效果,即如何能够在尽可能短的时间内满足灾民尽可能多的需求[4, 5, 7, 120, 121]。另一方面,成本在应急物流运作中仍然是不得不考虑的重要因素,如果应急物流运作成本过高,势必会增加整个政府的财政负担[2, 122]。然而,这两者之间存在着激烈的矛盾与冲突,正所谓"鱼和熊掌不可兼得",政府往往需要在最大化应急物流的运作效果与最小化应急物流运作成本之间做出权衡,选择最合适的应急物流运作方案。

政企合作可以在一定程度上缓和两者间的矛盾。尤其是在应急物资采购环节,通过与企业签订合作协议并预支付一部分费用,企业可以代为储备一部分应急物资,并在灾害发生后在约定的时间内将它们运输至灾区。对政府而言,这样做有利于减少高额的物资仓储与运输成本,以较小的代价满足更多灾民的需求;而对于企业来说,仓储与物流运输本身就是日常经营活动的必要环节,相比于政府专门建立仓库、调集运输资源进行应急物资储备与运输,其成本本相对较小,因此能够从政府支付给他们的报酬中获利。事实上,这种互利共赢的政企合作协议在我国应急物流实践中早已存在。例如,Wang 等[59]调研了雅安市政府与四川雅安博娟超市连锁有限公司(简称博娟超市)的固定框架协议,其中便包含企业代为储备与运输应急物资的内容条款。随着2018年应急管理部的成立,类似的政企合作更加深入与紧密。例如,河北唐山玉田县应急管理局与唐山海蓝净化科技有限公司、玉田县同德堂医药连锁有限公司、唐山盛丰医药连锁有限公司等10家单位签订了应急物资紧急供应协议[123]。

然而,尽管我国的政企合作已经初具规模,但是无论在实践还是研究中,都仍然存在着以下问题需要加以解决。

(1) 现有的应急物流供应链政企合作模式研究绝大多数都是脱胎于商业供应链中的企业合作模式,其主要考虑的仍然是双方的成本,忽略了灾民因缺少、等待应急物资而产生的痛苦[124]。

(2) 绝大多数研究应急物资采购的相关文献并未考虑异质化运输条件与运输时间的影响。

(3) 在面对突发事件时,应急物资很有可能出现不足的情况,且部分应急物资很难在现货市场中直接采购获得,不仅需要大量的资金,可能还需要更长的协调、调配时间。然而,相关研究与实践仅考虑了现货采购的价格的增长,却忽视了采购所需的这段时间内灾民因为缺乏应急物资而变得更加痛苦的事实。

为了证实上述问题确系当前研究中存在的研究空白,作者对相关研究进行了简单的回顾。例如,Liu等[125]通过在应急物资采购环节引入期权合同,解决了政府向多个企业采购应急物资并合作储备的问题,以达到应急物流供应链的整体协调,但在应急物资不足时仍然采用商业供应链中的缺货成本(一个定值)代入计算,且未曾解释如何得到缺货成本的数值,与实际情况具有一定偏差。类似的考虑缺货成本的文章还包括Hu等[126]、Liu等[127]、刘阳等[128]、扈衷权等[129]以及张琳等[130]的文章。扈衷权等[131]考虑了存在现货市场的情况下,政府与企业签订的具有数量柔性的合作契约,在应急物资不足时仅考虑了直接采购的成本。类似的仅考虑直接采购成本的文章还包括张琳等[132]以及扈衷权等[133]的文章。还有部分文章并未考虑需求的不确定性以及应急物资不足的情况,例如,Zhang等[134]、刘阳等[135]以及高晓宁等[136]的文章。

事实上,上述研究空白存在的主要原因是缺乏衡量灾民痛苦程度随匮乏时间变化的工具。作为应急物流运作效果的一项直接衡量指标,灾民的痛苦程度并不是一成不变的,而是随着时间的推移呈现非线性上升趋势[4,6]。以饮用水为例,随着灾民缺乏饮用水的时间逐步增加,灾民会感到越来越渴,直至死亡。事实上,即便采用效用、风险等方式进行衡量,也难以精准地刻画这种非线性趋势,且不易与其他物流成本一起进行计算。因此,传统的计算方式容易使计算结果与实际情况产生偏差,造成理论与实践的脱节。

为了解决上述问题,Holguín-Veras等[4]提出了匮乏成本的概念,将其定义为"物资匮乏导致灾民痛苦的经济量化指标",并指出通过测量灾民的痛苦程度随匮乏时间的非线性变化关系，可以更加准确地衡量应急物流的运作效果，且经济量化指标可以直接与物流成本相加减，计算十分方便。事实证明，匮乏成本迅速得到了研究者的认可并被广泛应用于应急物流模型中，这在本书前几章已经做过详细介绍，此处不再赘述。总而言之，相比于其他的成本类和近似效用指标，应当采用匮乏成本函数表征灾民的痛苦程度，作为应急物流运作效果的衡量指标，这与我国一贯倡导的"以人为本"救灾理念相符合。

当然，在作者进行调研、参加会议的过程中，通过与地方政府的官员、业界人士以及应急物流领域专家学者的交流，发现大家对匮乏成本如何应用于应急物流实践仍然存在争议。部分人认为应当直接与物流成本相加，也有部分人认为这种考量过于复杂，相对而言还是应当更加注重物流成本，还有人认为不能一概而论，而要取决于具体的场景以及政府的层级等。因此，本章将在模型中加入可以人为调节的权重以控制目标函数中匮乏成本的占比，决策者可以根据自身的态度和偏好进行赋权调节。

除了能够更好、更准确地反映灾民的痛苦并衡量应急物流运作的效果，体现"以人为本"的思想以外，相比于其他相关研究，作者还基于匮乏成本考虑了更加丰富的应急物流场景，使模型假设更加贴合实际。

（1）考虑了异质化的运输条件，即企业与政府的运输资源调配速度不同且分批次的情况。具体而言，即假设应急物资的到达时间不同，政府储存的物资最先到达，其次是企业采用常规运力运输的一批物资，最后是企业采用备用运力运输的剩余物资。通过考虑匮乏成本，可以清楚地反映不同时间到达的应急物资的多少对结果造成的影响。

（2）考虑了不同应急物流情境对政企合作的影响，这些情境包括不同的应急物资种类、不同的需求分布以及不同的匮乏成本权重。不同的应急物流情境会影响以匮乏成本函数为基础的目标函数（例如，不同种类的应急物资对应的匮乏成本函数也不同），进而对政企合作的结果造成影响。

综上所述，通过考虑匮乏成本，建立基于斯塔克尔伯格博弈的政企合作模型并加入更加贴合实际的假设，可以研究应急物资采购环节政企合作协议的制定，有利于促进政企合作的开展，践行"以人为本"的思想，为实际应急物流运作提供模型工具与理论基础。

第二节 模型构建

一、问题描述与假设

应急物资采购阶段政企合作协议的运作机制如图 6.1 所示。在灾害的准备阶段，政府会事先与企业签订合作协议，首先支付企业的固定费用，并以价格 w_g 从企业处采购 Q_g 单位的应急物资进行战略储备；与此同时，与企业进行协商代储，企业决定代储的应急物资数量 Q_b，并承诺在灾害发生后将其在一定时间内运往灾区。当灾害发生时，政府需要先将自己储备的 Q_g 单位的应急物资在 t_g 时间内运达灾区，由于需求 x 的不确定性，如果政府自身储备并运输的物资就能够满足灾区需求，则政府将从剩余物资 $Q_g - x$ 中获得每单位 v 的残值收益，企业获得 Q_b 单位的物资残值；如果该部分物资不能满足灾区需求，根据政府与企业事先的协定，企业将使用常规运力将应急物资在 t_{bf} 时间内运往灾区，同时使用备用运力将剩余的 $(1-\theta)Q_b$ 应急物资在 t_{bs} 时间内运往灾区，若能满足灾区的需求，则剩余物资使企业获得每单位 v 的残值收益；若仍不能满足灾区需求，政府需要以较高的成本 w_T 现货采购 $x - Q_g - Q_b$ 单位的物资，以时间 T 将物资运抵灾区。在结算时，政府将根据最终使用的企业代储的物资数量以单位价格 w_s 支付委托金。

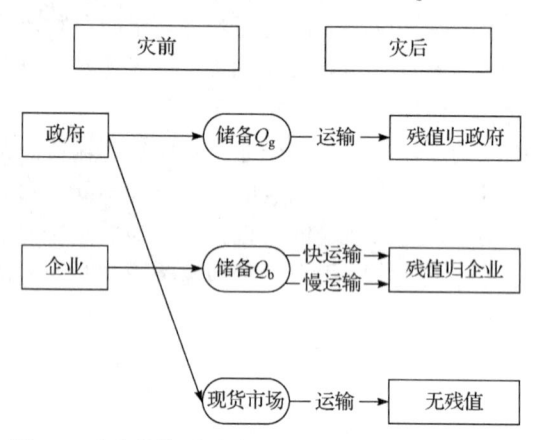

图 6.1 应急物资采购阶段政企合作协议的运作机制

总而言之，随着需求的不同，灾害发生后实际应急供应链的运作结果可以分为以下几种情况。

（1）需求比较低，仅政府储备的应急物资即可满足全部需求；此时政府剩余物资的残值归政府，而企业同样以残值处理储存的所有物资。

（2）需求中等，需要部分企业运来的应急物资，但是有所剩余；此时企业消耗的物资可获得对应的委托金，剩余物资的残值全部属于企业。

（3）需求比较高，即使加上企业运来的应急物资也不够；此时政府便会执行紧急现货采购，花费较长的时间和较多的费用来补足应急物资的缺口。

根据调研的结果，由于物流是企业日常经营活动的必要环节，因此一般企业都有可随时支配的常规运力，以及一定程度上的备用运力。假设常规运力可以随时调用，成本较低且速度快，但能够运输的数量有限；相反，备用运力需要一定时间来调用，速度相对较慢，且有更高的调用成本，但是运力足够，可以满足剩余物资的运输需求。而政府则一般依托与物流公司的合作，其接收和处理第一手信息的速度更快，调配与运输第一批应急物资的时间也更短。因此，这里假设政府储存的物资最先到达，其次是企业采用常规运力运输的一批物资，最后是企业采用备用运力运输的剩余物资。值得一提的是，在应急物流运作实践中，应急物资的实际运输与调配受到更加复杂的如距离、灾区道路状况等因素的影响，甚至需要考虑路径规划与资源调度问题，而本章主要研究应急物资的采购问题，因此需对后续环节的情况进行一定的简化。表 6.1 总结了本章所提出模型中的变量及其相应说明。

表 6.1　政企合作模型变量符号及说明

变量符号	符号含义	变量符号	符号含义
Q_g	政府从企业处采购并储备的应急物资量	c_p	企业单位物资生产成本
Q_b	企业为政府储备的应急物资量	c_s	企业单位物资储备成本
w_g	政府单位采购成本	c_g	政府单位物资储备成本
w_T	政府单位物资现货应急采购成本	c_t	政府单位物资运输成本
w_s	政府支付给企业的单位物资的代储委托金	c_{tf}	企业常规运力下单位物资运输成本
t_g	政府储备物资运达时间	c_{ts}	企业备用运力下单位物资运输成本
t_{bf}	企业常规运力送送物资时间	T	政府现货采购物资运达时间
t_{bs}	企业备用运力送送物资时间	F	合作协议中政府给予企业的固定费用
$r(.)$	匮乏成本函数	v_s	企业储备单位物资残值
α	匮乏成本函数权重	$f(x)$	灾民实际需求 x 的分布函数
v_g	政府储备单位物资残值		

相关参数的假设如下：

（1）$w_T > \max(w_g, w_s)$，即政府现货采购的成本要高于政府灾前向企业采购的成本以及政府支付给企业的代储委托金。

（2）$T > t_{bs} > t_{bf} > t_g$，即政府首先将储备的应急物资运到灾区，其次是企业采用常规运力运输的物资，最后是企业采用备用运力运输的物资，而应急采购所需的筹措与运输时间比其他的都要长。

（3）$\min(w_g, w_s) > c_p$，企业为了盈利，其生产成本应小于政府的采购成本以及政府支付给企业的代储委托金。

（4） $\min(w_g, w_s) > v_s \geq v_g$，最终应急物资的残值应小于政府的采购成本以及政府支付给企业的代储委托金，且由于企业具有较为完善的日常库存轮换机制，其储备的单位物资残值一般不低于政府储备的单位物资残值。

二、政企合作模型

根据以上的问题描述，可知政府与企业构成了斯塔克尔伯格博弈，政府作为领导者首先决定从企业处采购并储备的应急物资数量，而企业作为追随者则紧接着决定代储的应急物资数量。因此，根据政府与企业的目标函数，可以构建相应的政企合作模型。

（一）企业决策

根据以上的决策顺序可知，企业的利润函数为

$$\begin{aligned}\Omega_s = {} & F + w_g Q_g + w_s \left(\int_{Q_g}^{Q_g + Q_b} (x - Q_g) f(x) \mathrm{d}x + \int_{Q_g + Q_b}^{\infty} Q_b f(x) \mathrm{d}x \right) \\ & - c_p (Q_g + Q_b) - c_s Q_b - \left(c_{tf} \theta Q_b + c_{ts} (1 - \theta) Q_b \right) \\ & + v_s \left(\int_0^{Q_g} Q_b f(x) \mathrm{d}x + \int_{Q_g}^{Q_g + Q_b} (Q_g + Q_b - x) f(x) \mathrm{d}x \right) \end{aligned} \quad (6.1)$$

式中，第一项为政府与企业签订合作协议所需支付的固定费用；第二项为政府采购Q_g单位物资所需支付给企业的费用；第三项为政府支付给企业的委托金，根据需求的不同分为两种情况，具体可见上文总结；第四项为应急物资的生产成本；第五项为企业代储应急物资所需负担的储备成本；第六项为企业将物资运输到灾区的运输成本；最后一项则是企业所获得的剩余物资的残值收益。

对式（6.1）求关于Q_b的导数可得

$$\frac{\partial \Omega_s}{\partial Q_b} = -c_p - c_s + v_s \int_0^{Q_g + Q_b} f(x) \mathrm{d}x + w_s \int_{Q_g + Q_b}^{\infty} f(x) \mathrm{d}x - (c_{ts} + c_{tf} \theta - c_{ts} \theta) \quad (6.2)$$

再对式（6.2）求导可得

$$\frac{\partial^2 \Omega_s}{\partial Q_b^2} = (v_s - w_s) f(Q_g + Q_b) \quad (6.3)$$

根据参数假设（4），可知$\frac{\partial^2 \Omega_s}{\partial Q_b^2} < 0$，所以式（6.1）存在最大值。令式（6.2）中$\frac{\partial \Omega_s}{\partial Q_b} = 0$，可解得企业的最优储备量为

$$Q_{\mathrm{b}}^{*} = \begin{cases} F^{-1}\left(\dfrac{w_{\mathrm{s}}-c_{\mathrm{p}}-c_{\mathrm{s}}-\left(c_{\mathrm{ts}}+c_{\mathrm{tf}}\theta-c_{\mathrm{ts}}\theta\right)}{w_{\mathrm{s}}-v_{\mathrm{s}}}\right)-Q_{\mathrm{g}}, & F^{-1}\left(\dfrac{w_{\mathrm{s}}-c_{\mathrm{p}}-c_{\mathrm{s}}-\left(c_{\mathrm{ts}}+c_{\mathrm{tf}}\theta-c_{\mathrm{ts}}\theta\right)}{w_{\mathrm{s}}-v_{\mathrm{s}}}\right) \geqslant Q_{\mathrm{g}} \\ 0, & F^{-1}\left(\dfrac{w_{\mathrm{s}}-c_{\mathrm{p}}-c_{\mathrm{s}}-\left(c_{\mathrm{ts}}+c_{\mathrm{tf}}\theta-c_{\mathrm{ts}}\theta\right)}{w_{\mathrm{s}}-v_{\mathrm{s}}}\right) < Q_{\mathrm{g}} \end{cases}$$

(6.4)

从式（6.4）中可以看出，企业的最优储备量受到政府采购量的影响，当政府的采购量 $Q_{\mathrm{g}} \leqslant F^{-1}\left(\dfrac{w_{\mathrm{s}}-c_{\mathrm{p}}-c_{\mathrm{s}}-\left(c_{\mathrm{ts}}+c_{\mathrm{tf}}\theta-c_{\mathrm{ts}}\theta\right)}{w_{\mathrm{s}}-v_{\mathrm{s}}}\right)$ 时，企业将接受政府提供的政企合作协议，并且决定帮助政府代储 $F^{-1}\left(\dfrac{w_{\mathrm{s}}-c_{\mathrm{p}}-c_{\mathrm{s}}-\left(c_{\mathrm{ts}}+c_{\mathrm{tf}}\theta-c_{\mathrm{ts}}\theta\right)}{w_{\mathrm{s}}-v_{\mathrm{s}}}\right)-Q_{\mathrm{g}}$ 数量的应急物资；反之，若政府的采购量 $Q_{\mathrm{g}} > F^{-1}\left(\dfrac{w_{\mathrm{s}}-c_{\mathrm{p}}-c_{\mathrm{s}}-\left(c_{\mathrm{ts}}+c_{\mathrm{tf}}\theta-c_{\mathrm{ts}}\theta\right)}{w_{\mathrm{s}}-v_{\mathrm{s}}}\right)$，则协议失效，该问题转化为正常的应急物资采购与储备问题，企业不会帮助政府进行代储。

（二）政府决策

相应地，政府的成本函数为

$$\begin{aligned}
\Phi_{\mathrm{g}} =\ & F + w_{\mathrm{g}}Q_{\mathrm{g}} + w_{\mathrm{s}}\left(\int_{Q_{\mathrm{g}}}^{Q_{\mathrm{g}}+Q_{\mathrm{b}}}(x-Q_{\mathrm{g}})f(x)\mathrm{d}x + \int_{Q_{\mathrm{g}}+Q_{\mathrm{b}}}^{\infty}Q_{\mathrm{b}}f(x)\mathrm{d}x\right) \\
& + w_{\mathrm{T}}\int_{Q_{\mathrm{g}}+Q_{\mathrm{b}}}^{\infty}(x-Q_{\mathrm{g}}-Q_{\mathrm{b}})f(x)\mathrm{d}x + c_{\mathrm{g}}Q_{\mathrm{g}} + c_{\mathrm{t}}Q_{\mathrm{g}} - v_{\mathrm{g}}\int_{0}^{Q_{\mathrm{g}}}(Q_{\mathrm{g}}-x)f(x)\mathrm{d}x \\
& + \alpha\Bigg(r(t_{\mathrm{g}})\left(\int_{0}^{Q_{\mathrm{g}}}xf(x)\mathrm{d}x + \int_{Q_{\mathrm{g}}}^{\infty}Q_{\mathrm{g}}f(x)\mathrm{d}x\right) + r(t_{\mathrm{bf}})\bigg(\int_{Q_{\mathrm{g}}}^{Q_{\mathrm{g}}+\theta Q_{\mathrm{b}}}(x-Q_{\mathrm{g}})f(x)\mathrm{d}x \\
& + \int_{Q_{\mathrm{g}}+\theta Q_{\mathrm{b}}}^{\infty}\theta Q_{\mathrm{b}}f(x)\mathrm{d}x\bigg) + r(t_{\mathrm{bs}})\bigg(\int_{Q_{\mathrm{g}}+\theta Q_{\mathrm{b}}}^{Q_{\mathrm{g}}+Q_{\mathrm{b}}}(x-Q_{\mathrm{g}}-\theta Q_{\mathrm{b}})f(x)\mathrm{d}x \\
& + \int_{Q_{\mathrm{g}}+Q_{\mathrm{b}}}^{\infty}(Q_{\mathrm{b}}-\theta Q_{\mathrm{b}})f(x)\mathrm{d}x\bigg) + r(T)\int_{Q_{\mathrm{g}}+Q_{\mathrm{b}}}^{\infty}(x-Q_{\mathrm{g}}-Q_{\mathrm{b}})f(x)\mathrm{d}x\Bigg)
\end{aligned}$$

(6.5)

式中，第一项为政府与企业签订合作协议所需支付的固定费用；第二项为政府采购 Q_{g} 单位物资所需支付给企业的费用；第三项为政府支付给企业的委托金，根据需求的不同分为两种情况，具体可见上文总结；第四项为政府现货采购和运输物资的费用；第五项为政府的储备成本；第六项为政府将储备的应急物资运输到灾区的运输成本；第七项为政府的剩余物资的残值；第八项为灾区不同到达时间的物资所造成的匮乏成本之和，其中包括政府、企业常规运力快速运输、企业备用运力常速运输以及现货采购物资到达灾区所需时间对应的匮乏成本。

当 $Q_g < F^{-1}\left(\dfrac{w_s - c_p - c_s - (c_{ts} + c_{tf}\theta - c_{ts}\theta)}{w_s - v_s}\right)$ 时，企业会接受政府的契约合同为政府储备 $Q_b^* = F^{-1}\left(\dfrac{w_s - c_p - c_s - (c_{ts} + c_{tf}\theta - c_{ts}\theta)}{w_s - v_s}\right) - Q_g$ 单位的物资，因此将其代入式（6.5），然后对式（6.5）求关于 Q_g 的导数可得

$$\begin{aligned}\dfrac{\partial \Phi_g(Q_b = Q_b^*)}{\partial Q_g} =\ & c_g + c_t + w_g - w_s\int_{Q_g}^{\infty} f(x)\mathrm{d}x - v_g\int_0^{Q_g} f(x)\mathrm{d}x \\ & + \alpha\left(r(t_g)\int_{Q_g}^{\infty} f(x)\mathrm{d}x + r(t_{bs})\int_{Q_g+\delta\theta-Q_g\theta}^{\infty}(\theta-1)f(x)\mathrm{d}x\right. \\ & \left. - r(t_{bf})\left(\int_{Q_g}^{Q_g+\delta\theta-Q_g\theta} f(x)\mathrm{d}x + \int_{Q_g+\delta\theta-Q_g\theta}^{\infty} \theta f(x)\mathrm{d}x\right)\right)\end{aligned} \quad (6.6)$$

式中，$\delta = F^{-1}\left(\dfrac{w_s - c_p - c_s - (c_{ts} + c_{tf}\theta - c_{ts}\theta)}{w_s - v_s}\right)$。

再对式（6.6）求导可得

$$\begin{aligned}\dfrac{\partial^2 \Phi_g(Q_b = Q_b^*)}{\partial Q_g^2} =\ & \left(-r(t_g)\alpha + r(t_{bf})\alpha - v_g + w_s\right)f(Q_g) \\ & - \left(r(t_{bf}) - r(t_{bs})\right)\alpha(\theta-1)^2 f(Q_g + \delta\theta - Q_g\theta)\end{aligned} \quad (6.7)$$

根据 Holguín-Veras 等[6]的研究可知，匮乏成本函数为随时间单调递增的凸函数，又根据参数假设（2），可知 $\dfrac{\partial^2 \Phi_g(Q_b = Q_b^*)}{\partial Q_g^2} > 0$，式（6.5）存在最小值。令式（6.6）中 $\dfrac{\partial \Phi_g(Q_b = Q_b^*)}{\partial Q_g} = 0$ 并将式（6.4）代入求解，即可解得政府的最优采购和储备量。综上所述，可得以下命题。

命题 6.1 在政企合作模型中：

（1）当 $F^{-1}\left(\dfrac{w_s - c_p - c_s - (c_{ts} + c_{tf}\theta - c_{ts}\theta)}{w_s - v_s}\right) < Q_g$ 时，政企合作协议失效，有

$$Q_b^* = 0$$
$$Q_g^* = F^{-1}\left(\frac{w_T + r(T)\alpha - r(t_g)\alpha - (c_g + c_t + w_g)}{w_T + r(T)\alpha - r(t_g)\alpha - v_g}\right) \tag{6.8}$$

（2）当 $F^{-1}\left(\dfrac{w_s - c_p - c_s - (c_{ts} + c_{tf}\theta - c_{ts}\theta)}{w_s - v_s}\right) > Q_g$ 时，政企合作协议有效，政府与企业存在斯塔克尔伯格博弈解（Q_g^*，Q_b^*）满足：

$$\begin{aligned}Q_b^* &= F^{-1}\left(\frac{w_s - c_p - c_s - (c_{ts} + c_{tf}\theta - c_{ts}\theta)}{w_s - v_s}\right) - Q_g^*\alpha\left(r(t_g)\int_{Q_g^*}^{\infty} f(x)\mathrm{d}x + r(t_{bs})\right.\\ &\left.\int_{Q_g^* + \delta\theta - Q_g^*\theta}^{\infty}(\theta - 1)f(x)\mathrm{d}x - r(t_{bf})\left(\int_{Q_g^*}^{Q_g^* + \delta\theta - Q_g^*\theta} f(x)\mathrm{d}x + \int_{Q_g^* + \delta\theta - Q_g^*\theta}^{\infty}\theta f(x)\mathrm{d}x\right)\right) \\ &+ c_g + c_t + w_g - w_s\int_{Q_g^*}^{\infty} f(x)\mathrm{d}x - v_g\int_{0}^{Q_g^*} f(x)\mathrm{d}x = 0\end{aligned} \tag{6.9}$$

第三节 算例分析

由于考虑了运输部分，本章内容的计算较为复杂，政企合作的斯塔克尔伯格解无法用显性函数形式表示，且政府与企业的最优解均受对方影响，并非独立，难以直接分析参数变化对解的影响。因此，作者通过算例代入实际数值，对不同应急物流情境下的政企合作进行探究，主要研究不同种类的应急物资、不同的需求分布、政府对匮乏成本的不同态度以及不同的常规/备用运力的应急物资运输比例对政企合作结果的影响，其中不同种类应急物资的匮乏函数来自邵建芳[124]的研究，是通过实地调研获取的数据拟合而成的，具体的拟合方式可见 Holguín-Veras 等[22]的研究。

一、基础参数设置与模型求解

考虑 50 000 人的灾后不同应急物资的需求，首先以食物为例，根据市场调研可设置与食物相关的参数（单位：元）如下：$F = 2000$，$c_p = 4$，$c_s = 0.3$，$v_s = 4$，$v_g = 0$，$w_s = 15$，$c_{ts} = 0.8$，$c_{tf} = 0.7$，$c_g = 1$，$c_t = 1$，$w_g = 12$，$w_T = 20$。假设政府运送应急物资的到达时间为 12h，企业的常规运力运送的应急物资的到达时间为 18h，备用运力运送的应急物资的到达时间为 24h，而紧急采购后再将物资统筹协调运往灾区的到达时间为 3 天，即有 $t_g = 0.5$，$t_{bf} = 0.75$，$t_{bs} = 1$，$T = 3$（单位均为：天）。在基础模型中，首先设置需求分布为 $f(x) = N(50\,000, 2000)$，政府认为匮乏成本与物流成本同样重要，应加以考量（即 $\alpha=1$），企业常规备用运力的应急物资运输量相同（即 $\theta=0.5$）。食物的匮乏成本函数为 $r_F(t)=22.076t^{1.5855}$ 元。将上述参数代入计算可知，政企合作协议有效，进一步代入式（6.9）可得政府从企业处采购并储备的最优量为 $Q_g^*=49\,579$ 份，企业代储的最优量为 $Q_b^*=3037$ 份。

二、应急物资的种类分析

保持 50 000 人的需求量以及运输方面的相关参数、需求分布、匮乏成本重要性等不变，仅改变与应急物资种类相关的参数。首先考虑灾后关于饮用水的需求，根据市场调研可设置与饮用水相关的参数（单位：元）如下：$c_p=0.5$，$c_s=0.3$，$v_s=1$，$v_g=0$，$w_s=5$，$c_{ts}=0.8$，$c_{tf}=0.7$，$c_g=1$，$c_t=1$，$w_g=2$，$w_T=6.5$。饮用水的匮乏函数为 $r_W(t)=5.425e^{2.4479t}$ 元。将上述参数代入计算可知，政企合作协议有效，进一步代入式（6.9）可得政府从企业处采购并储备的最优量为 $Q_g^*=51\,586$ 份，企业代储的最优量为 $Q_b^*=4597$ 份。

然后考虑灾后关于帐篷的需求。不同于饮用水以及食物都是一人一份，帐篷一般是多人同时居住，这里假设 5 人同时居住一顶帐篷，则需求分布应设置为 $f(x)=N(10\,000,2000)$。根据市场调研，可设置与帐篷相关的其他参数（单位：元）如下：$c_p=500$，$c_s=50$，$v_s=500$，$v_g=500$，$w_s=1300$，$c_{ts}=15$，$c_{tf}=13$，$c_g=70$，$w_T=2000$。帐篷的匮乏成本函数为 $r_T(t)=89.129t+222.21$ 元，将上述参数代入计算可知，政企合作协议有效，进一步代入式（6.9）可得政府从企业处采购并储备的最优量为 $Q_g^*=8895$ 顶，企业代储的最优量为 $Q_b^*=3915$ 顶。

表 6.2 列举了不同种类的应急物资所对应的分布、匮乏成本函数以及政企合作解。可以看出，在对应的需求分布以及实际的参数估计假设下，政府与企业的合作协议均有效，且政府与企业的最优储备量之和均大于需求量的均值。其中，食物的企业储备量最小；帐篷的政府、企业储备量之差最小；饮用水的政府储备量最大，且政府、企业储备量之差最大。尽管由于每种应急物资对应的参数有差异，无法定量分析不同应急物资之间政企合作的最优储备量的差别是什么因素导致的，但是毫无疑问的是，匮乏成本函数的不同是重要因素之一。如表 6.2 所示，三种应急物资的匮乏成本函数形式均不相同，其中饮用水的匮乏成本函数为指数函数，食物的匮乏成本函数为幂函数，而帐篷的匮乏成本函数是线性函数，当匮乏时间累积到一定程度并逐渐增大时，三种函数的趋势有显著差异，因此会对结果产生重要影响。下文中，通过对匮乏成本权重参数 α 的敏感度分析，进一步揭

示匮乏成本函数的影响。

表 6.2 不同种类应急物资之间的比较

比较项目	食物	饮用水	帐篷（5人一顶）
需求分布	$N(50\,000, 2000)$	$N(50\,000, 2\,000)$	$N(10\,000, 2\,000)$
匮乏成本函数	$r_F(t) = 22.076 t^{1.5855}$	$r_W(t) = 5.425 e^{2.4479t}$	$r_T(t) = 89.129t + 222.21$
政企合作的最优解（Q_g^*, Q_b^*）	（49 579, 3 037）	（51 586, 4 597）	（8 895, 3 915）

三、需求分布分析

根据基础参数设置，后续算例以食物为目标应急物资进行进一步探讨与敏感度分析。保持与食物相关的其他参数不变，仅改变需求分布，并代入计算可得到以下结论。

（1）当需求分布为 $N(50\,000, 4000)$ 时，政企合作储备协议有效，政企合作的最优解为 $Q_g^* = 49\,158$ 份，$Q_b^* = 6074$ 份。

（2）当需求分布为 $N(50\,000, 1000)$ 时，政企合作储备协议有效，政企合作的最优解为 $Q_g^* = 49\,790$ 份，$Q_b^* = 1518$ 份。

（3）当需求分布为 $N(50\,000, 500)$ 时，政企合作储备协议有效，政企合作的最优解为 $Q_g^* = 49\,895$ 份，$Q_b^* = 759$ 份。

再加上基础对照组中需求分布为 $N(50\,000, 2000)$ 时对应的政企合作的最优解为 $Q_g^* = 49\,579$ 份，$Q_b^* = 3037$ 份，可以得到图 6.2。从图 6.2 中不难看出，随着需求预测越来越准确（需求分布中的方差越来越小），政府从企业处采购并储备的最优量不断增大，而企业的最优代储量则不断减小，但前者变化相对较小，而企业受到的影响明显更大，其变化率几乎与方差的变化率相同。事实上，由于政府给予企业的委托金大于政府采购并储备应急物资的成本，因此政府可以通过开发更加精准的需求预测技术，提升需求预测的精度，增加自身采购与储备的应急物资，从而减小成本。相对地，企业的代储主要基于需求的不确定性，需求预测的偏差减小会导致企业的代储量降低，因此对于需求不确定性较小的灾害，企业的合作意愿将会降低。

通过需求分布分析，可以看出应急物资采购中的政企合作相较于商业上的政企合作有着显著的不同。具体而言，如果灾民的需求不存在不确定性，那么企业将无法通过代储获取利润，政企合作协议将失效。换言之，只有在具有不确定性的应急物流场景下，政企合作才有意义。

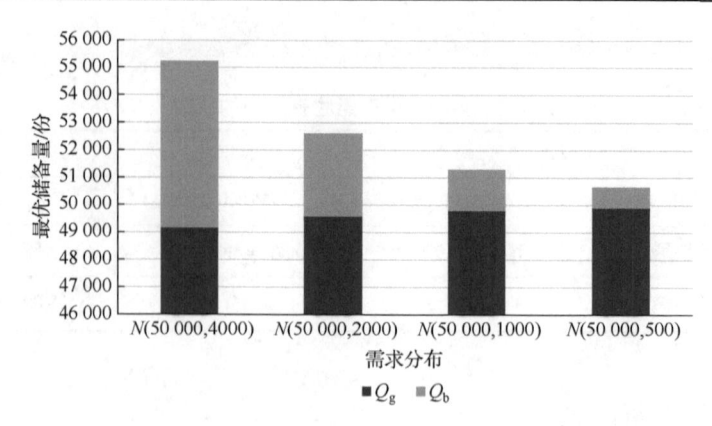

图 6.2　不同需求分布下的政企合作最优解

四、匮乏成本权重分析

如同上文所述，目前对匮乏成本如何应用于应急物流实践仍然存在争议。因此，作者设置了总函数中匮乏成本的权重，仍以食物且需求分布为 $N(50\,000,2000)$ 为例，通过敏感度分析讨论匮乏成本权重对政企合作最优解的影响。图 6.3 分别表示了随着匮乏成本权重的变化，政企合作最优解、政府成本以及企业利润的变化。

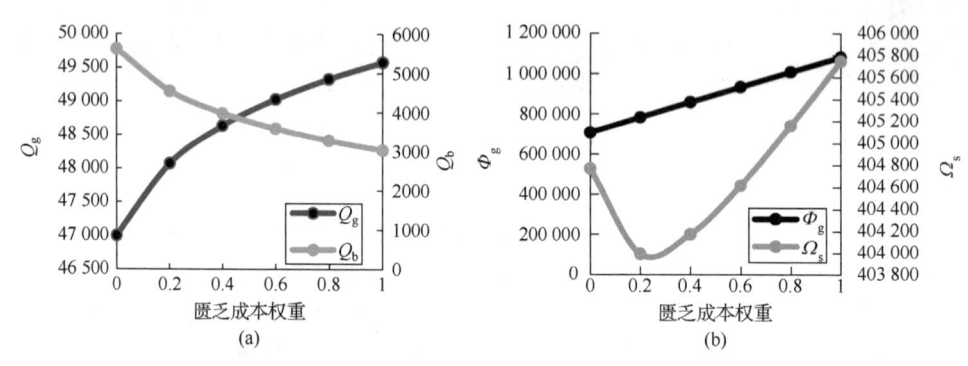

图 6.3　政企合作最优解、政府成本以及企业利润随匮乏成本权重变化关系

图 6.3（a）表示了政府与企业的最优解随匮乏成本权重的变化。不出意料，随着匮乏成本权重的增大，政府从企业处采购并储备的最优量相应增大，而企业的最优代储量则相应减少。这主要是由于匮乏成本与应急物资送达时间息息相关，政府储备的物资送达时间是最短的，因此为了尽可能减小匮乏成本，政府会选择更多地采购并储备物资，而企业代储应急物资的送达时间相对较长，不利于匮乏成本的减小。

图 6.3（b）则展示了政府成本以及企业利润随匮乏成本权重变化的情况。其

中，政府成本随匮乏成本权重的增加呈现线性增长的趋势，而企业利润则呈现先减小后增大的非线性趋势。这是由于匮乏成本的变化会直接计入政府成本，两者之间是简单的线性关系；但匮乏成本的变化不会直接影响企业利润，而是通过改变政企合作的最优库存量影响企业通过政府采购获得的利润、代储委托费以及运输费用，进而对企业利润产生间接影响，这就导致两者之间不是简单的线性关系，而是取决于实际的参数设置，相对来说较为复杂。

五、常规/备用运力运输比例分析

在固定其他参数不变的情况下，作者对常规/备用运力运输比例 θ 进行了敏感度分析，结果如图 6.4 所示。图 6.4（a）表示随着常规运力所运输应急物资量的增多（θ 增大），政府从企业处采购并储备的最优量小幅减少，而企业的最优代储量则小幅增加。这是由于在考量匮乏成本的情况下（$\alpha=1$），企业的常规运力所运输物资越多，相对应部分的匮乏成本越小（与政府运输的差距越小），因此政府可以允许少量地支付代储委托金来减少一部分采购和储备费用。图 6.4（b）则显示了随着常规运力所运输应急物资量的增多，政府的成本减小，企业的利润也相应减小，政府将从中获利。容易看出，政府的成本、企业的利润变化均对应于相应的最优物资储备量的变化，尽管企业采用常规运力的单位花销更少，但是由于储备量、运输量的增加，其总体运输成本反而更高，导致利润下降。这种情况出现的根本原因是更快、更便宜的运输会大幅降低匮乏成本，政府是直接受益者，但企业的利润与匮乏成本无关，并不能从中获得足够的收益。因此，为了避免企业采取消极观望的态度，政府可给予企业一定的快速运输激励[59,75,80]，或采用谈判等方式进行事先约定。

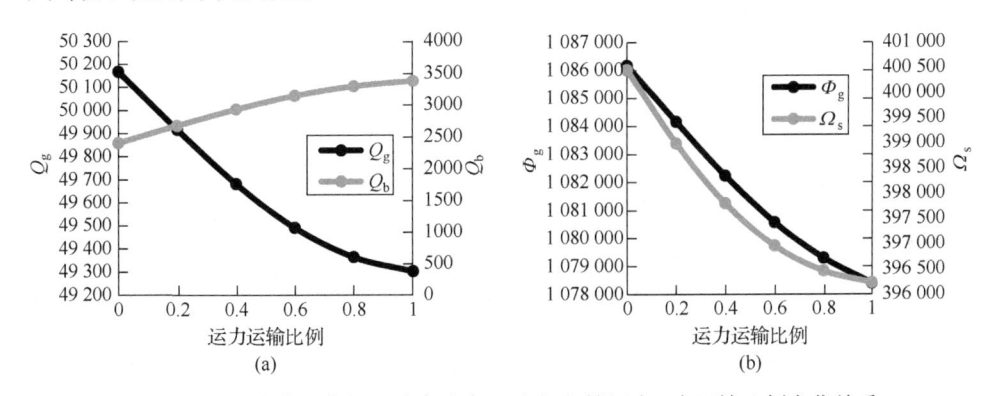

图 6.4 政企合作最优解、政府成本以及企业利润随运力运输比例变化关系

六、结论

综上所述，基于实际情境下的参数与假设，可以得到以下结论以及相对应的

管理学启示。

（1）不同种类应急物资的相关参数与匮乏成本函数不同，其政企合作的最优解也有所差异，即应急物资的种类对政企合作协议有所影响。因此，针对不同种类的应急物资，政府可能会采取不同的策略，这与我国的应急物流实际情况相符合。

（2）政企合作协议的达成基于应急物流场景下的需求不确定性，一旦需求完全确定，企业将无法通过代储获得利润；相应地，政府可以通过更加精确地预测灾民需求，增加自身采购与储备的应急物资，从而减小成本。然而，在实践中，由于灾害的不确定性，应急物资的需求预测无法做到绝对精准，因此该结论反而变相地证明了政企合作确实可以实现双赢，体现了政企合作的合理性和必要性。

（3）以食物为例，在本章的参数设置下，随着匮乏成本函数越来越重要，政府从企业处采购并储备的最优量增加，企业的最优代储量减小，企业利润随匮乏成本函数权重的增加先减小后增大，但后续增加幅度显著大于减少幅度。该结论说明对于食物这一应急物资而言，企业希望政府能够给予匮乏成本较高的权重，向其采购更多的应急物资，以促使其利润的增加。值得一提的是，由于该结论受到参数设置变化的影响，因此对于其他种类的应急物资不一定成立。

（4）随着企业常规运力运输应急物资的量增多，政府从企业处采购并储备的最优量减少且相应成本减小，企业的最优代储量增加但利润反而降低。因此，企业可能会降低常规运力的运输比例，而这与政府减小匮乏成本的初衷相违背。为了保证企业不消极怠工，政府需要采取一定的运输激励措施或事先与企业就运输方式达成一致。这一结论与 Wang 等[59]的实地调研结果相符，指出了我国早期政企合作固定框架协议难以吸引企业的根本原因，同时也为后续研究提供了研究背景与基础。

第四节 本 章 小 结

"以人为本"是我国一直以来倡导的救灾理念之一，在应急物流领域有着举足轻重的指导作用。然而，在应急物资采购这一方面，无论是国内的研究还是实践的发展均尚未成熟，在体现与践行这一理念的过程中仍有诸多研究空白。本章的研究对当前的应急物流研究领域具有如下的贡献。

（1）采用匮乏成本作为灾民痛苦程度的衡量标准，体现了应急供应链与商业供应链的本质区别，精准地刻画了匮乏时间对应急物流效用的影响，改变了以往仅考虑成本或采用不准确的缺货成本进行替代的计算模式，为后续的研究开辟了道路。

（2）基于匮乏成本，将异质化运输条件加入应急物资采购环节政企合作的考量中,尤其是运输时间对应急物流运作造成的影响,丰富了相关文献。

(3)基于匮乏成本,考虑了不同种类的应急物资、不同需求分布以及不同匮乏成本权重对政企合作的影响,使所建的斯塔克尔伯格博弈模型更加贴近实际,同时也具有更高的复杂度。

当然,在本章内容的基础上,相关研究可以继续深入。首先,为了简化模型与计算的复杂度,本章并未考虑政府与多个企业合作的情况,而这种情况在实践中是较为常见的,接下来的研究可以加以考虑。其次,目前匮乏成本函数的研究仍然处于发展阶段,其适用的物资范围仍然有一定的局限性,且不同应急物流情境(如不同的灾害救援时期)、不同测量方法以及一些社会学因素均会对其产生影响,后续的研究可以致力于提高匮乏成本函数拟合的精确度,这有助于增强相关模型的现实指导意义。再次,本章仅考虑了简单的常规/备用运力运输对政企合作的影响,在实际情况中将应急物资运输问题(如选址、路径、配送等)与采购储备相结合,还有许多的问题可以进一步探讨。最后,政企合作仅仅是建立健全我国应急物流体系的一种方式,未来的研究还可以聚焦于政府与慈善组织、科研机构等单位与社会团体的合作。

第七章 运用匮乏理论评价奖金激励下应急物资运输的效果与效率

匮乏理论除了可以应用于应急物资采购协议中以衡量政府的"缺货成本",还可以作为评价指标衡量应急物资运输的效果和效率。本章将介绍考虑奖金激励机制的固定框架协议,并运用基于匮乏理论的评价指标判断奖金激励机制的可行性。

第一节 背景介绍与相关文献

近些年来,我国发生了包括2008年汶川地震、2014年超强台风威马逊、2020年长江中下游洪水等在内的多个大型自然灾害。为了应对自然灾害,关键应急物资的预置十分重要,有利于减轻政府备灾救灾的压力,提高救灾的速度和效率,在一定程度上应对需求不确定性所带来的影响。然而,相应的仓储与库存成本可能很高[137],尤其是对于饮用水、食物、药品等易腐物资。为了减轻高额的库存成本带来的负担,救援组织可以与供应商进行合作,利用在灾害发生前签署的合作协议建立"虚拟库存",而这种合作协议一般被称为"框架协议"[138]。许多灾害救援组织都通过框架协议来采购并预置应急物资,例如,红十字会与红新月会国际联合会(International Federation of Red Cross and Red Crescent Societies,IFRCIFRC)以及世界宣明会(World Vision International,WVI)等。尽管在应急物流实践中,框架协议已经被广泛使用,但是相关的研究却相对匮乏。仅有小部分的相关研究解决了框架协议的竞价流程设计问题[139, 140]以及供应商选择问题[138]。Gossler 等[141]考虑了基于应急物资调度的框架协议并评估框架协议中协定的运输量如何影响灾民需求的满足率。

早在2013年,我国中央政府就鼓励地方各级政府建立与企业的合作渠道以保证应急物资的供给[142]。作者调研了近年来发生过灾害的7个城镇以及应对灾害时它们的应急物资供应商,以研究这种框架协议下的政企合作。根据观察,这类政企合作一般针对易腐物资如米饭、面包、饮用水、预制食品等,供应商往往是当地的大型企业。令人惊讶的是,尽管协议内容与种类不同,协议设计形式却几乎相同,其协定的应急物资供应数量、价格、质量以及运输时间均为固定值。

由于调研中观察到的框架协议的条款都是固定的,因此不妨称它为固定框架协议（fixed framework agreement，FFA）。虽然固定框架协议作为政企合作的纽带有其可取之处，同样也受到了许多地方政府的认可与接受，但是它们还有进一步改进的空间，尤其是当前的固定框架协议在供应商激励部分仍然做得不够。事实上，绝大多数供应商都有足够的资源和运营能力保证其能够更快地向灾区运送物资。例如，沃尔玛和家得宝备受赞誉的应急物流运作就足以证明私营企业的能力[143, 144]。虽然更快地运输与交付应急物资可以大大减少灾民的痛苦，但是这会带来额外的物流成本，而固定框架协议也无法激励供应商去承担这些额外成本。在自然灾害频发的当下，作为以营利为主要目的的私营企业，很难要求它们在应对灾害时免费工作。

因此，研究合适的激励机制使供应商愿意更快地运送应急物资是解决问题的关键。值得注意的是，相比于完全将固定框架协议推翻并尝试重建新的协议这种耗时费力的做法，在不改变基本合同条款的情况下引入合适的激励机制是一种更有效率的选择。作者提出了一种奖金激励机制作为固定框架协议的补充协议，以激励供应商缩短交付时间。这种奖金激励是在灾难发生后立即提供给供应商的，此时不确定性仍然很高，但是有关需求和紧迫性的信息已经出现（例如，地震的震中和震级）。事实上，奖金激励合同在商业供应链中已被广泛研究，它既可以用作激励供应商，使之与政府建立长效合作机制[145]，也可以影响下游企业的行为[146]。通过设计奖金激励合同，可以提高应急救援效率，更好地服务灾民。

然而，要设计一个使供应商和当地政府都可接受且对其有利的奖金激励机制，需要充分了解他们的目标。显然，供应商的目标在于最大化利润与收益，而地方政府则旨在减轻灾民的痛苦，或充分利用拥有的每一份资源来最大化应急救援的效果。根据前文的介绍，匮乏理论作为灾民痛苦的衡量指标，能够反映灾民痛苦随匮乏时间的非线性动态变化关系，相对来说更加贴近实际，而由于匮乏成本的数据收集受社会经济因素影响较大，本章使用匮乏水平函数作为衡量指标。

本章的后续内容简介如下：第二节提出基于匮乏水平理论的绩效评估体系；第三节构建包含奖金激励的固定框架协议，并基于匮乏水平评估奖金激励是否能够提升应急物资运输的效果与效率；第四节以2013年发生了7.0级地震的雅安为例，使用真实数据对模型的可行性和合理性进行验证，还讨论了不同需求分布对奖金激励数额的影响；第五节对本章内容进行总结。

本章研究对应急物流领域具有以下贡献。首先，本章重点介绍我国的灾害应急管理背景，填补了相关研究的空白。具体而言，作者详细描述了我国独特的应急管理结构、地方政府在灾害准备阶段所起的作用以及固定框架协议的合理性。尤其是在我国数千个地方政府参与灾害应急管理的现实情况下，本章研究对于提升它们的应急救援效果和效率有着很大的帮助。其次，本章提供了一个很好的匮乏理论，尤其是匮乏水平的应用案例，进一步验证了匮乏理论的可行性以及在解决实际问题时的实用性。最后，尽管本章研究主要以我国的情况作为背景，但是其得出的结论具有一般性和普遍性，同样适用于国际救灾组织或各国政府。

第二节　基于匮乏水平理论的绩效评估体系

基于第五章第三节中对效果与相对效果成本比的介绍，此处结合参数和背景进行更加详细的解释与说明。如图7.1所示，图7.1（a）描述了匮乏水平曲线的变化趋势，即缺少应急物资r达到t时刻的期望匮乏水平$\mu(r,t)$，此处r指代应急物资的种类。

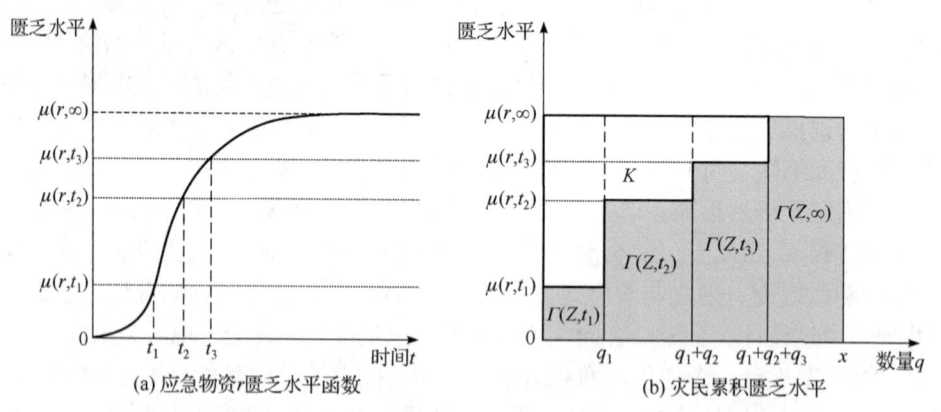

图7.1　不同物资种类的匮乏水平函数以及灾民的累积匮乏水平[59]

此处考虑将应急物资r运送到灾区的应急物流行动。由于应急物资的需求量和需求人数呈正比关系，一般地，假设该应急物资的需求量可以用需求人数x进行衡量。在T时间段内，该应急物资的分发序列可以表示为$Z=(t_1,q_1,o_1),(t_2,q_2,o_2),\cdots,(t_I,q_I,o_I)$。其中，参数$i$ ($i=1,2,\cdots,I$)表示应急物资r的第i次运送分发，而参数t_i则表示该次运送分发发生在t_i时刻。除此之外，q_i表示需求已经被满足的灾民数量，o_i则表示单位物流成本，即将一单位应急物资从储存地运送到灾区所花费的平均物流成本。已满足需求的灾民的总体匮乏水平用$\Gamma(Z,t_i)$衡量[图7.1（b）]，即单位匮乏水平$\mu(Z,t_i)$（图7.1（a）中所示的，缺少应急物资r的时长为t_i时，灾民所感受到的匮乏水平值）与需求已经被满足的灾民数量q_i的乘积：

$$\Gamma(Z,t_i) = \mu(Z,t_i)q_i \tag{7.1}$$

参数$\mu(r,\infty)$代表那些在T时间段内未曾获得应急物资的灾民的匮乏水平函数值。从图7.1（b）可以看出，对于所有未曾获得物资的灾民而言，他们的总体匮乏水平函数值计算如下：

$$\Gamma(Z,\infty) = \mu(Z,\infty)\max\left(x - \sum_{i=1}^{I}q_i, 0\right) \quad (7.2)$$

因此，所有灾民的总体匮乏水平函数值即为已满足需求的灾民对应的匮乏水平函数值加上未曾获得应急物资的灾民的匮乏水平函数值：

$$\Gamma(Z,T) = \sum_{i=1}^{I}\Gamma(Z,t_i) + \Gamma(Z,\infty) \quad (7.3)$$

而应急物流的成本为

$$\Omega(Z,T) = \sum_{i=1}^{I}o_i q_i \quad (7.4)$$

根据第五章第三节关于应急物流行动效果与相对效果成本比的定义，有

$$K = \mu(r,t_i)x - \tau(Z,T) \quad (7.5)$$

$$\text{CE} = \frac{K^{i_1} - K^{i_2}}{\Omega^{i_1} - \Omega^{i_2}} \quad (7.6)$$

当 i_2 表示完全不实施任何行动的方案时，$K^{i_2} = \Omega^{i_2} = 0$，则相对效果成本比退化为应急物流行动的效率，定义为单位物流成本下能够避免的灾民匮乏水平的增加值：

$$E = \frac{K}{\Omega} \quad (7.7)$$

第三节　包含奖金激励的固定框架协议

一、背景

总体而言，我国的应急物流行动在响应机制、资金体系和储存机制上都与国际上有一定区别。国际上应急物流行动主要由非政府组织负责、资金大多来源于捐款，而我国的应急物流行动基本上由政府主导。2007年颁布的《中华人民共和国突发事件应对法》中按照社会危害程度、影响范围等因素，突发自然灾害、事故灾难、公共卫生事件分为特别重大、重大、较大和一般四级。其中一级代表具有极其强大破坏力、可能造成极大损害的突发事件，往往需要中央政府协调组织其响应和处置。

尽管根据灾害等级的不同，其响应和处置的指挥权和责任可能归于不同等级的政府，但是作为市、县一级的地方政府，在灾害准备以及灾后应急行动的具体

执行上仍然需要负责。其中，后者包括设置临时的指挥所、协调各职能单位并执行应急物流行动。因此，实际上地方政府在灾害准备和响应方面承担着非常重要的工作，为了减轻地方政府的负担，我国也鼓励地方政府积极与企业进行合作以保证灾后应急物资的及时供给。

如同上文所提及的，作者调研了近年来发生过灾害的 7 个城镇以及应对灾害时它们的应急物资供应商，发现在我国，地方政府与企业签订的框架协议和国际上有所不同。首先，可以观察到在很多的框架协议中，企业都被要求在协议期间全程保持固定单位的物资储备量以应对随时可能发生的灾害。然而，迄今为止并没有科学的方法确定该存放多少物资，只能凭借实际经验判断。其次，在协议开始时，对于预储存的应急物资，企业会得到一个固定的协商价格，这个协商价格应当包含所有的采购、储存、运输及在协议期间内所发生的费用，不过事实上，该价格一般不会涵盖灾害发生的不确定性所带来的风险成本。尽管如此，由于企业大多数具有多个客户，很容易灵活地进行存货的周转，因此这样的风险并不算高。一旦协议被触发，企业就需要把全部数量的库存快速运往灾区，而并不会等待灾后有关部门收集、处理数据并得出计算结果后再决定要运送多少物资。这样做虽然可能在一定程度上加重救援人员的负担并导致混乱，但是也减小了灾区缺少应急物资的风险。最后，地方政府一般会依据事先商量好的残值负责回购剩余的物资。可以看出，我国与企业签订的框架协议在物资数量、价格、要求物资送达的时间等多个方面都是完全固定的，这固然避免了许多漏洞，甚至可以最大限度地简化行政程序，但是难以激发企业的积极性和潜能，因此实际上并不利于应急物流行动的开展。一般而言，随着企业的积极性和潜能被充分激发和调动，它们往往能够更快、更好地为灾区提供应急物资，尽管这样做可能会付出额外的代价。而企业作为本质上逐利的组织，显然不能要求企业自己承受代价去提高应急物资运输的效果或效率，因此政府应当思考如何改进固定框架协议，使之既不伤害企业的利益，又能够提升应急物资运输的效果或效率。由于对固定框架协议本身机制的改动较为复杂，因此作者提出通过加入奖金激励的方式对固定框架协议进行扩充。

二、固定框架协议

根据上述发现，可以首先建立一个固定框架协议模型，并给出该协议的流程图，如图 7.2 所示。为了简化计算和方便理解，这里仅仅考虑单次运输的简单情况。不失一般性，假设应急物资 r 能够一次性满足灾民的需求。在灾害的准备阶段，地方政府需要选择一家企业并与之签订储存协议，该协议将约定应急物资的供应数量 q、供应价格 w 以及灾害发生后的交付时间 t，一旦灾害发生，应急物流行动就从图 7.2 左边的准备阶段进入中间的响应阶段，此时企业将以 o 的运输成本确保物资在时间 t 内能够运到。在灾害的救援工作告一段落之后，政府可以将剩余的应急物资以残值 s 进行回收。

图 7.2 固定框架协议流程图[59]

若希望该协议充分发挥作用，很显然最重要的部分就是对总体需求的预测。由于突发事件的不确定性以及对不同应急物资的需求不同，通常很难对需求做出十分精准的预测，因此地方政府往往通过突发事件基本信息，如地震的震级、震源等做出判断。令 $F(x)$ 表示需求的累积分布函数并假设它是可积的，则固定框架协议所对应的应急物流行动的效果、成本以及效率可以表示为

$$K = (\mu(\infty) - \mu(x))\left(q - \int_0^q F(x)\mathrm{d}x\right) \quad (7.8)$$

$$\Omega = wq - s\int_0^q F(x)\mathrm{d}x \quad (7.9)$$

$$E = \frac{K}{\Omega} = \frac{(\mu(\infty) - \mu(t))\left(q - \int_0^q F(x)\mathrm{d}x\right)}{wq - s\int_0^q F(x)\mathrm{d}x} \quad (7.10)$$

对于企业来说，应急物资单位成本为 v，单位运作成本为 o，那么通过签订这个固定框架协议能够获得的利润为

$$\Pi = (w - v - o)q \quad (7.11)$$

三、带有奖金激励的固定框架协议

现在进一步考虑在不更改原有协议的基础上，地方政府愿意支付一笔奖金作为激励使企业能够更加迅速地运送应急物资的问题。由于原协议不变，因此在灾害发生后，企业仍然只需要在时间 t 内运送数量为 q 的应急物资即可，但奖金的激励使企业有机会通过投入更多的资源进行更快的运输来获得更多的利润。例如，要求员工加班或者租赁额外的交通工具。有关奖金激励的规定如下：在一次灾害发生后，对于每单位以更短时间 $t'(t' < t)$ 运送且最终满足了灾民需求的物资，政府可以考虑给予奖金 B。由于要求应急物资一定要最终满足灾民需求才可计算奖

金，这就防止了企业为了更高的利润而对所有应急物资都采取快速运输的方式，造成资源的浪费。图 7.3 展示了包含奖金激励机制的固定框架协议流程，根据这个流程，可以进一步分析奖金的数额如何确定，以及奖金激励是否真的起到了效果。

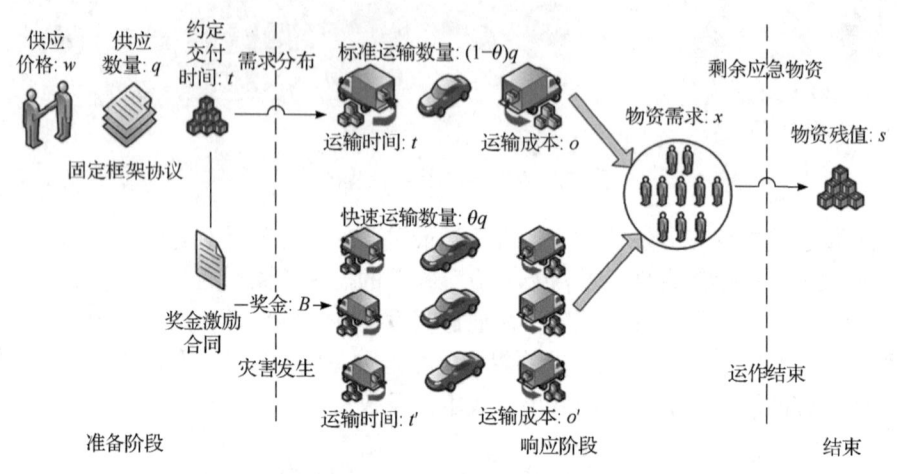

图 7.3 包含奖金激励机制的固定框架协议流程图[59]

令 $o'(o < o')$ 表示快速运输的单位物流成本，$\theta(0 \leq \theta \leq 1)$ 表示快速运输的应急物资占总物资的比例。据此，可以得到应急物资的物流效果、成本、效率以及相对效果成本比分别为

$$K' = (\mu(\infty) - \mu(t))\left(q - \int_0^q F(x)\mathrm{d}x\right) + (\mu(t) - \mu(t'))\left(\theta q - \int_0^{\theta q} F(x)\mathrm{d}x\right) \quad (7.12)$$

$$\Omega' = wq + B\left(\theta q - \int_0^{\theta q} F(x)\mathrm{d}x\right) - s\int_0^q F(x)\mathrm{d}x \quad (7.13)$$

$$E' = \frac{K'}{\Omega'} = \frac{(\mu(\infty) - \mu(t))\left(q - \int_0^q F(x)\mathrm{d}x\right) + (\mu(t) - \mu(t'))\left(\theta q - \int_0^{\theta q} F(x)\mathrm{d}x\right)}{wq + B\left(\theta q - \int_0^{\theta q} F(x)\mathrm{d}x\right) - s\int_0^q F(x)\mathrm{d}x} \quad (7.14)$$

$$CE' = \frac{K' - K}{\Omega' - \Omega} = \frac{\mu(t) - \mu(t')}{B} \quad (7.15)$$

对于给定的 θ 和 B，企业的期望利润为

$$\Pi' = (w - v - o'\theta - o(1-\theta))q + B\left(\theta q - \int_0^{\theta q} F(x)\mathrm{d}x\right) \quad (7.16)$$

式（7.16）第二项指的是企业通过快速运输所获得的期望利润，这里假设企

业与政府对于灾民的需求具有相同的估计和预测。其中，积分项表示通过快速运输但是超出了灾民需求的部分应急物资。通过计算企业的期望利润可以发现，要想使奖金激励达到目的，政府所需支付的奖金至少要能够覆盖企业的运输费用。当奖金足够时，企业会根据奖金的多少决定对多少比例的应急物资采取快速运输的方案，即决定θ的大小。

四、奖金激励是否能够提升应急物资运输的效果

奖金激励无疑给了企业增加期望利润的可能，根据式（7.16）可以得知企业获得奖金激励后的期望利润，将其对θ求偏导可得

$$\frac{\partial \Pi'}{\partial \theta} = Bq - BqF(\theta q) - o'q + oq \qquad (7.17)$$

根据该式可得，当$B \leqslant o' - o$时，企业在获得奖金激励后的期望利润关于θ的一阶偏导数在$\theta \in [0,1]$上是非正的，这意味着企业的期望利润是单调递减的。因此，在这种情况下，企业的最优快速运输量$\theta^* q = 0$。当$B \geqslant \dfrac{o' - o}{1 - F(q)}$时，该偏导数在$\theta \in [0,1]$上是非负的，意味着最优快速运输量为$q$。当$o' - o < B < \dfrac{o' - o}{1 - F(q)}$时，为了求得最优快速运输量，在式（7.16）中对$\theta$求二阶偏导可得

$$\frac{\partial^2 \Pi'}{\partial \theta^2} = -q^2 Bf(\theta q) < 0 \qquad (7.18)$$

最优快速运输量可以在$\dfrac{\partial \Pi'}{\partial \theta} = 0$处取得，即

$$\theta^* q = F^{-1}\left(\frac{B + o - o'}{B}\right) = F^{-1}\left(1 - \frac{o' - o}{B}\right) \qquad (7.19)$$

综上所述，最优快速运输量可以表示为

$$\theta^* q = \begin{cases} 0, & B \leqslant o' - o \\ F^{-1}\left(1 - \dfrac{o' - o}{B}\right), & o' - o < B < \dfrac{o' - o}{1 - F(q)} \\ q, & B \geqslant \dfrac{o' - o}{1 - F(q)} \end{cases} \qquad (7.20)$$

总而言之，当$B \leqslant o' - o$时，政府给的奖金较少，甚至不足以补偿企业采用快速运输增加的花销，因此企业并不会采用快速运输方式，而会选择仍然维持原本

的固定框架协议。当 $B \geqslant \frac{o'-o}{1-F(q)}$ 时，政府给的奖金足够高，导致企业为了赚取利润会选择快速运输全部的应急物资，这显然增加了政府的负担。因此，只有当 $o'-o < B < \frac{o'-o}{1-F(q)}$ 时，政府的奖金激励才是适当的，而适当的奖金激励显然能够提高应急物资运输的效果。记 $\frac{o'-o}{1-F(q)}$ 为 $\hat{B}$，则合适的奖金激励区间为 $[o'-o, \hat{B}]$。

五、奖金激励是否能保证应急物资运输相对有效率

通过之前的分析，可以发现随着应急物资运输效果的提高，应急物流的成本也会增加，这也符合人们的常识认知。根据之前的讨论，判定应急物资运输是否相对有效率，即考虑该应急物流行动的相对效果成本比是否大于一个给定的阈值。假设给定的阈值为 ζ，若想要应急物资运输相对有效率，就要求奖金激励满足：

$$\overline{B} \leqslant \frac{\mu(t)-\mu(t')}{\zeta} \qquad (7.21)$$

另外，也可以要求在加入奖金激励之后，应急物资运输的相对效果成本比不低于原本的效率，即 $CE' \geqslant E$，这要求奖金激励满足：

$$\overline{B} \leqslant \frac{(\mu(t)-\mu(t'))\left(wq-s\int_0^q F(x)\mathrm{d}x\right)}{(\mu(\infty)-\mu(t))\left(q-\int_0^q F(x)\mathrm{d}x\right)} \qquad (7.22)$$

注意到上述式（7.21）和式（7.22）的右边都不包含参数 θ，这意味着相对效果成本比的提升与采用快速运输的应急物资数量无关，于是可以得到下面这个命题。

命题 7.1（应急物资运输相对有效率的充分条件） 当 $\overline{B}$ 大于 $o'-o$ 时，任何包含奖金激励 $B \in [o'-o, \overline{B}]$ 的固定框架协议相比于不包含奖金激励的固定框架协议都是有效率的；当 $F(x)$ 严格单调递增时，该结论恒成立。

根据之前的讨论，该命题的证明显而易见。需要注意的是，当 $F(x)$ 严格单调递增时，任何超过 $o'-o$ 的奖金激励都会使 θ 的值严格大于 0。因此，包含奖金激励的固定框架协议下应急物资运输有效率的奖金取值可行区间为 $[o'-o, \overline{B}]$。

六、最优的奖金激励是多少

对于政府而言，所有的处于可行区间之内的奖金激励都能够使企业选择一个

第七章　运用匮乏理论评价奖金激励下应急物资运输的效果与效率 ·89·

非负的 θ，即企业会实施部分应急物资的快速运输。然而，根据企业的反应，政府可以选择一个最优的奖金激励金额。由于政府希望能够在尽可能改善应急物资运输效果的同时减少开销，因此可以从两个角度去设置目标函数和约束条件来达成这一目的。第一个角度是尽可能优化应急物资运输的效果，同时以相对效果成本比作为约束条件，设置一个下限以保证应急物资运输是相对有效率的。第二个角度则是直接考虑优化应急物资运输的效率。这两种方案都能够在一定程度上达到在尽可能改善应急物资运输效果的同时降低成本的目的，实际应急管理运作中需要依据现实情况和决策者的想法进行权衡和取舍。因此，此处对两种方案都进行分析并指出其最优的奖金激励金额。

图 7.4 简单地展示了应急物资运输的效果与成本之间的关系。根据之前的讨论分析，$\hat{B}$ 代表使应急物资运输效果提升的合适奖金区间的最大值，$\overline{B}$ 则代表使应急物资运输有效率的合适奖金区间的最大值。图 7.4（a）说明了 $\hat{B} > \overline{B}$ 的情况，图 7.4（b）则说明了 $\hat{B} \leq \overline{B}$ 的情况。其中，加粗的黑色实线表示通过奖金激励所能够达到的应急物资运输的效果以及相应所需要花费的成本，而过点 (K, Ω) 的灰色斜线则表示了原本固定框架协议下应急物资运输的效率，作为下限对 CE′ 起约束作用。由于增加奖金激励并不会导致 K′ 以及 Ω' 的减少，因此黑色加粗实线是单调递增的，根据图 7.4 可以看出，在保证 CE′ ≥ E 的条件下，最大化应急物资运输的效果所对应的最优的奖金激励金额应当为

$$B^{\text{opt}} = \min(\hat{B}, \overline{B}) \tag{7.23}$$

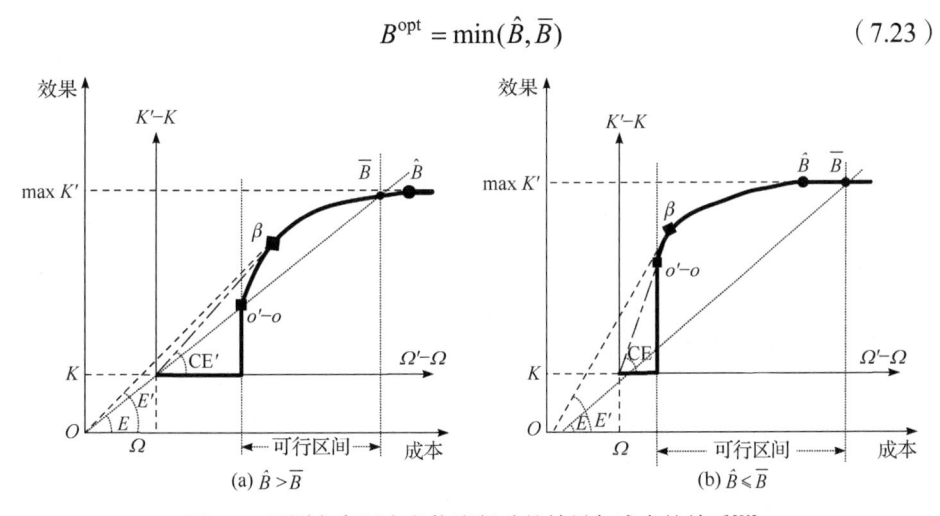

图 7.4　不同方案下应急物流行动的效果与成本的关系[59]

对于直接考虑优化应急物资运输效率的方案，求其对应的最优奖金激励金额即在图 7.4 中加粗黑色实线上寻找使 E′ 最大的点 β，此方案对应的最优的奖金激励金额应当为

$$B^{\text{opt}} = \underset{B \in 0 \cup [o'-o, \overline{B}]}{\operatorname{argmax}} \frac{K'}{\Omega'} \qquad (7.24)$$

具体地，可以考虑以下三种情况。当 $B^{\text{opt}} \leqslant o'-o$ 时，显然企业不会进行快速运输，此时应急物资运输的效率即为原本固定协议框架下的效率 $E' = E = \dfrac{K}{\Omega}$。当 $B^{\text{opt}} \geqslant \overline{B}$ 时，$B^{\text{opt}} = \overline{B}$（若不然，将 B 减小到 $\overline{B}$ 会导致应急物流行动成本降低但效果不变，与 B 是最优解的结论矛盾），此时的应急物资运输的效率可通过将 $B = \overline{B}$ 和 $\theta = 1$ 代入式（7.14）中计算得到。当 $B^{\text{opt}} \in (o'-o, \overline{B})$ 时，其最优解在 $\dfrac{\partial E'}{\partial B} = 0$ 处得到，将 $\theta q = F^{-1}\left(1 - \dfrac{o'-o}{B}\right)$ 代入式（7.14）并对 B 求导，可知最优解 B^* 满足：

$$\frac{(o')^2 \left((\mu(t)-\mu(t'))\left((w-s)q + s\int_0^q (1-F(x))\mathrm{d}x \right) - (\mu(\infty)-\mu(t)) B^* \int_0^q (1-F(x))\mathrm{d}x \right)}{(B^*+o)^3 f\left(F^{-1}\left(1-\dfrac{o'-o}{B^*}\right)\right) \int_0^{F^{-1}\left(1-\frac{o'-o}{B^*}\right)} (1-F(x))\mathrm{d}x}$$
$$= (\mu(\infty)-\mu(t)) \int_0^q (1-F(x))\mathrm{d}x + (\mu(t)-\mu(t')) \int_0^{F^{-1}\left(1-\frac{o'-o}{B^*}\right)} (1-F(x))\mathrm{d}x$$

（7.25）

由于不知道需求分布函数 $F(x)$ 的具体形式，因此无法得到解析解。在接下来的案例分析中，可以通过贪婪算法求解这个问题。

七、奖金激励机制能否保证公平

根据上文可知，在应急物流问题中，除了效果和效率，应急物流行动的公平性也是非常重要的。在本章所讨论的固定框架协议的背景下，加入奖金激励的最初目的是促使企业对一部分物资实施快速运输，以降低灾民的总体痛苦水平。虽然这样做提高了应急物资运输的效率，但是也带来了一些问题，例如，这些应急物资应当如何快速运输、运输完后又应当怎么分发等。事实上，相关领域的研究显示，紧缺物资的分配方式大多可以归类为以下三种：完全平均分配、按需分配以及优先分配[147]，具体采取何种方式一般取决于应急物资的类型和具体的突发事件的情境。例如，药物与帐篷一般会采用优先分配的方式，而饮用水和食物则可以采取完全平均分配或者按需分配的方式。但是，在应对灾害的紧急响应阶段，公平性不应当是左右应急物资运输决策的首要因素，尤其对于大型自然灾害，灾区的基础设施和道路很可能被严重破坏，此时为了保证每次分配的公平性，很可能会严重降低整体应急物流行动的效果和效率。因此，本章在讨论固定框架协议的时候暂时不考虑公平性的影响，后续的研究可以在此基础上加入公平性的考量。

本章的模型假设在响应阶段每一单位的物资就可以满足一个人的需求，这个假设可以拓宽为一单位的物资满足 γ 个人的需求，只需要将原模型中的 q 替换成 $q' = \gamma q$ 即可。此外，在本章的模型中仅考虑了一次性满足灾民需求的情况，对于很多应急物资如饮用水和食物，灾民在耗尽了第一次补给之后很可能会再次因物资匮乏而感到痛苦，从而继续累积痛苦水平。在考虑分配公平性的时候，这些问题同样也都需要进行考虑，后续的研究可以尝试去解决它们。

八、讨论与总结

下面我们讨论在传统的固定框架协议中加入奖金激励的可行性，分别从奖金激励是否能提升应急物资运输效果、是否能够保证应急物资运输是相对有效率的以及是否能保证公平性三个方面出发对这个问题进行深入的探讨，并给出了在两个不同标准下的最优奖金激励金额的计算方式。未来的研究方向包括考虑多种应急物资种类、多目的地以及多阶段的应急物资运送问题。

总而言之，通过研究可以发现，奖金激励有助于提升应急物资运输的效果和效率，这对于现有的固定框架协议是一个很大的改进。可行的奖金激励区间取决于 $[o'-o, \bar{B}]$ 的存在性，此处 $o'-o$ 表示企业所需要的最小的奖金数额，而 $\bar{B}$ 则表示政府所愿意给予的最大的奖金数额。在这一区间内，可以计算出最大化应急物资运输效果或效率的奖金数额。值得注意的是，最优奖金数额可能受一些因素影响。首先，o' 与 o 都是企业的私人信息，政府不一定了解。所以，若想达成一致，适度的信息共享显然是必要的。其次，物流市场应当足够透明，使企业和政府都能够获得正确、合理的公开信息。此外，企业对于灾民需求的预测结果可能与政府对于灾民需求的预测结果不尽相同，这虽然不会影响奖金的可行区间，也不会影响应急物流行动的效率，但是这会使政府对企业所要实施快速运输的物资量 θq 发生误判，从而导致次优化的情况发生。因此，相互之间的交流是非常重要的。总的来说，本节介绍的方法能够帮助政府快速地界定需要支付的奖金激励的金额，从而促进政企之间的合作。

第四节 案例分析

以我国为背景，作者及其研究团队对 7 个不同地区的政府采取的政企合作固定框架协议进行了调研，包括受到 2008 年和 2013 年地震影响的四川省汶川县、都江堰和雅安市，受到 2014 年地震影响的云南省盈江县，受到 2014 年台风影响的海南省海口市和文昌市以及受到 2016 年洪水影响的安徽省合肥市。本章选择了四川省雅安市作为案例分析的受灾地区。雅安市是上述地区中除汶川县以外受灾最严重的。

一、背景

在介绍匮乏成本与匮乏水平的测量时，本书已经介绍了雅安市地震的大致情况。在经历过一次如此严重的地震之后，雅安市人民政府对于灾害的防控就变得异常小心。在过去的几年里，他们为了预防未来可能发生的灾害进行了一系列的投资，不仅建造了许多仓库用于存储非易腐物资如帐篷、衣物等，还加强了与私营企业的合作以实现易腐物资如水和食物的预储备。其中，政府与企业的合作大多数采用的是签订固定框架协议的方式。

通过调研，作者及其研究团队在雅安市人民政府部门工作人员的帮助下了解了一些关于固定框架协议的信息。这个固定框架协议是由雅安市政府授意雅安市商务和粮食局与博娟超市签订的，其中博娟超市是一个在当地拥有十几处仓库以及一个大型物流集散中心的连锁企业。固定框架协议主要包含水、大米、面粉和方便面等应急物资，而这里主要讨论大米，因为大米是其中一种重要的应急物资而且具有标准包装，便于计算。表 7.1 描述了雅安市商务和粮食局与博娟超市签订的固定框架协议的有关大米的部分内容以及与博娟超市有关的部分参数，由于博娟超市从未因奖金激励而采取快速运输手段，因此其快速运输时间和成本为基于实际情况的估计值。

表 7.1　固定框架协议部分内容

数据来源	变量	描述	值
雅安市商务和粮食局	q	订购数量/袋	8000
	w	单位价格/元	25
	t	运输时间/天	3
	s	单位残余价值/元	15
博娟超市	v	单位进货成本/元	15
	o	单位运输成本/元	5
	t'	快速运输时间/天	1
	o'	单位快速运输成本/元	12

二、食物的匮乏水平函数 t

本章采用匮乏水平函数对固定框架协议进行进一步研究。根据 Wang 等[7]的研究，匮乏水平函数可以通过数字评价量表的方式进行数据收集，这里只考虑食物的匮乏水平函数。作者及其研究团队对来自雅安市人民政府、博娟超市以及当地社区的 100 位受访者进行了采访，受访者被要求提供一些基本信息（包括性别、年龄、受教育程度、是否从事有关应急物流的职务以及是否曾经亲自经历过灾害），并回答以下问题："假设您处于一场灾害之中，因为缺少食物正在等待救助，不考虑自行寻找食物等其他因素，假设灾害刚刚发生时灾民的痛苦水平为 0，而从头到尾没有接收到任何食物补给最终饿死的痛苦水平为10，请在 0~10 中选择一个数来表示缺少食物达到 1 天/3 天/7 天/15 天时您所感受到的痛苦水平。"通过筛选，作者及其研究团队排除了 3 份无效数据，得到了 97 份有效数据，将其拟合成如图 7.5 所示的曲线。

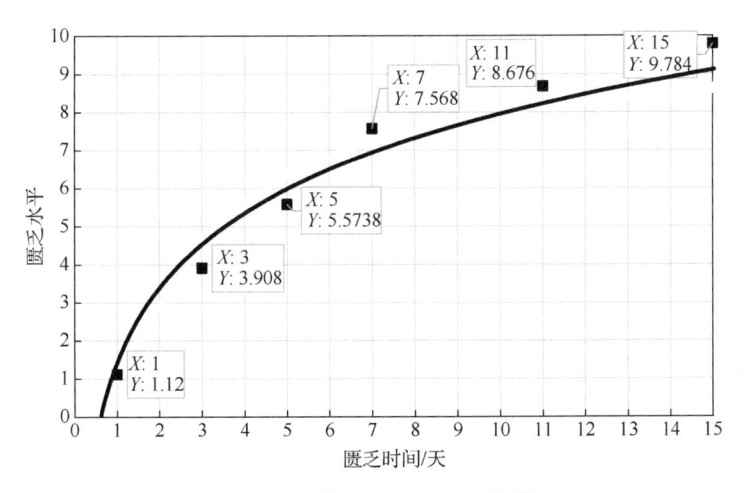

图 7.5 食物的匮乏水平函数[59]

作者及其研究团队采用最小二乘法对数据进行拟合，并且采用 F-检验去验证拟合结果的显著性。在拟合并检验了 15 种常用的拟合函数（包括线性函数、指数函数、对数函数、幂函数、倒数函数和自然增长函数等）后，发现式（7.26）中描述的函数最为合适，即

$$\mu(t) = e^{2.3039 - \frac{2.2547}{t}} \qquad (7.26)$$

三、需求信息

在调研中，雅安市商务和粮食局的副局长表示，他们的工作是至少保证当地大约 50 000 名群众前 3 天的粮食供应，这意味着需要 30 000 袋标准包装（2.5kg）的大米。政府部门预计根据固定框架协议预储存的 8000 袋大米将有

50%的概率能够在下一次灾害中满足灾民的需求。由于不考虑其他企业提供剩余所需物资的问题,不妨假定需求分布函数为正态函数,即$F(x)$服从正态分布$N(8000,500)$。

四、结果分析

通过上述的数据可以对雅安市人民政府与博娟超市之间的固定框架协议及其考虑奖金激励后的表现进行评估。图 7.6 大致描述了在奖金激励的作用下应急物资运输的效果与成本之间的关系。可以看出,当$B=0$时,图中曲线表示的是不含有奖金激励的固定框架协议,即政府与博娟超市签订的原本的协议。可行区间的下界为$\underline{B}=7$,低于这个下界时,博娟超市将不会对任何应急物资采取快速运输,即为图中虚线表示的部分。可行区间的上界为$\overline{B}=17.57$,这是政府能够接受的给予博娟超市奖金激励的最大值。同时,使应急物资运输效果最大化的最低奖金激励为$\hat{B}=14$,而使应急物资运输效率最大化的奖金激励为$\beta=7.19$。

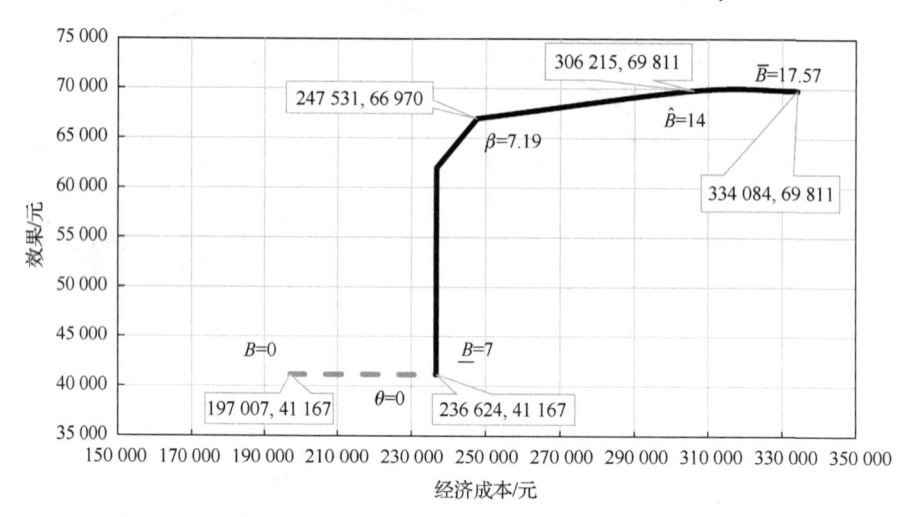

图 7.6 奖金激励下遵循政府与博娟超市固定框架协议的应急物资运输效果和成本[59]

不出所料,在加入了奖金激励机制之后,新固定框架协议下的应急物资运输效果、成本与效率均高于之前的原始协议。在用于激励的奖金达到$\underline{B}=7$时,稍微增加一点奖金就会导致应急物流行动的效果大幅提升(但需要注意的是,$\underline{B}=7$时企业仍然不会采取快速运输,因此实际上激励金额小于等于 7 时,应急物资的运输效果、成本、效率与不激励时一致,如表 7.2 所示)。事实上,90%的应急物流效果在$\beta=7.19$时就已经完全达到了,当奖金激励超过$\beta=7.19$时,再投入更多的奖金激励所能够提升的应急物流行动的效果已经变得很小了。从表 7.2 中可以得到更多的有关各种参数的比较信息。

表 7.2 不同奖金激励下应急物流行动的表现

奖金数额/元	快速运输的物资所占比例	应急物资运输效果/元	应急物资运输成本/元	应急物资运输效率	企业的利润/元
$B = 0.00$	$\theta = 0\%$	41 167	197 007	0.209	40 000
$\underline{B} = 7.00$	$\theta = 0\%$	41 167	197 007	0.209	40 000
$\beta = 7.19$	$\theta = 87.9\%$	66 971	247 531	0.271	41 300
$\hat{B} = 14.00$	$\theta = 100\%$	69 811	306 215	0.228	93 207
$\overline{B} = 17.57$	$\theta = 100\%$	69 811	334 084	0.209	121 076

显然，对于需求的预测也是会影响结果的。事实上，在进行决策的时候，需求的分布是非常重要的，即便这个分布不是完全精确的。遗憾的是，作者及其研究团队并没有能够获得地震发生时确切的人口分布情况，而且由于这种重大自然灾害的突发性和破坏性，实际运作中也确实很难获得第一手的信息和资料，一般都是经过粗糙的估计，再结合一段时间后传来的部分信息进行调整。这里考虑了 5 种可能的需求分布情况：均匀分布 $U(0,10\ 000)$，正态分布 $N(8000,1000)$、$N(8000,500)$、$N(8000,250)$ 和 $N(8000,1)$，在这 5 种需求分布的情况下分别计算了应急物流的效果、效率和博娟超市的利润等结果，如表 7.3 所示。

表 7.3 不同需求分布下最大化效率 β 点处应急物流行动的表现

表现	$U(0,10\ 000)$	$N(8\ 000,1\ 000)$	$N(8\ 000,500)$	$N(8\ 000,250)$	$N(8\ 000,1)$
可行区间/元	[7.00,22.03]	[7.00,17.76]	[7.00,17.57]	[7.00,17.48]	[7.00,17.39]
最大化效率点 β	10.91	7.45	7.19	7.08	7.01
应急物资运输效果/元	36 134	63 699	66 971	68 973	71 583
应急物资运输成本/元	184 093	241 864	247 531	251 101	256 053
应急物资运输效率	0.196	0.263	0.271	0.275	0.280
企业的利润/元	47 006	43 081	41 300	40 588	40 080

不出所料，不同的需求分布对奖金激励的可行区间，最大化效率点 β 的值，企业的利润以及应急物资运输的效果、成本、效率等都有一定的影响，从表 7.3 可以看出，当需求预测的准确性提高之后，应急物资运输的效果、成本和效率均有所提高，且最优奖金激励金额以及企业的利润也会随之增加，换句话说，奖金激励机制受益于更加准确的需求预测。但是，同样可以看出，虽然需求预测可能不够精准，尤其是几种正态分布的方差差别很大，但是计算的结果相差并不大，这说明即使需求预测出现了一定的偏差，该计算结果仍然具有较强的可行性，这

也显示出了采用匮乏水平作为目标函数的模型体系的优越性。

第五节 本 章 小 结

本章介绍了匮乏水平在应急物流运作中的应用,其研究价值主要在于将匮乏水平这一重要的量化人类痛苦的概念运用到实践中。在此之前,虽然匮乏水平的概念已经被大多数学者所接受,但是与匮乏成本相比,仍然缺少实际性的研究。通过效率、相对效果成本比等评价指标的提出,本章再次证明了虽然匮乏水平函数不像匮乏成本函数那样可以直接与物流成本相加减,但是它也可以提供判断应急物流行动优劣的衡量指标并且进行分析,而且在需求预测可能不够精准的情况下,以匮乏水平为目标函数的优化模型也能提供可行的方案,显示了其优越性。

除了匮乏水平的应用以外,不得不强调的是,本章有关于固定框架协议与奖金激励机制的研究本身就具有巨大的理论和实际价值。在理论方面,固定框架协议作为灾前广泛应用于政企合作的标准协议模式,在应急物流领域的学术研究中却很少见,尤其是国内的研究更是寥寥无几。本章首先填补了这一空白,通过建立模型分析了固定框架协议在我国的应用。同时,通过模型计算指出了奖金激励在现有固定框架协议下的可行性以及优势,证明了现有的固定框架协议还有改进的空间。在实际方面,本章提出了奖金激励机制以促进企业实施应急物资的快速运输,既能够提高企业的利润,又能够提升应急物流行动的效果和效率,促进了政府和企业之间的合作,为决策者提供了重要的参考意见。另外,本章研究的应用场景并非仅限于国内,事实上,除了我国以外,美国、日本、印度以及印度尼西亚等国家的政府也在各自应对重大灾害(美国 2005 年卡特里娜飓风、日本 2011 年东日本大地震、印度 2004 年印度洋海啸、印度尼西亚 2018 年地震等)中起到了十分关键的作用,也完全适用本章所讨论的包含奖金激励机制的固定框架协议,因此,本章的研究不仅在国内具有重要的研究价值,在国际上也有很大的借鉴意义。

当然也要指出,在固定框架协议中加入奖金激励机制需要一定的条件。首先,需要有强大的政府进行主导,政府拥有足够的经济实力且愿意通过多花一点钱的方式来提高应急物流行动的效果和效率。这个前提条件在我国的国情下很容易满足,但是在国际上,由于大多数应急物流行动是由非政府组织主导的,他们可能没有足够的资金或者本身不愿意花更多的钱去提升物流的效果,很多组织是本着人道主义的原则,在尽可能少花钱的前提下考虑减轻更多人的痛苦,这时候奖金激励机制可能就不适用。其次,政企间需要有良好的合作关系,本身有达成协议的意愿,且能够拥有可靠的信息交流渠道。如果政府和企业本身就没有达成固定框架协议，那就更谈不上奖金激励的机制了，而且从对固定框架协议的分析来看，信息不对称很可能造成次优化的结果，这对于政企之间的合作不利。最后，要有相应的监管监督机制。企业毕竟是逐利的，需要有健全的机制监督企业按照约定完成协议，对企业偷工减料等行为要能够发现并坚决地予以制裁，保证固定框架协议不能成为一纸空文。

第八章　运用匮乏理论构建选址-路径规划问题的目标函数

第六章、第七章分别介绍了匮乏成本和匮乏水平在采购协议、运输激励机制中的应用，本章则回归应急物流最经典的选址-路径规划问题，讨论如何基于匮乏理论构建选址-路径规划问题的目标函数。

第一节　背景介绍

与商业物流不同，应急物流的最终目标为减轻灾民的痛苦，即优化应急物流运作的效果[5, 121]。在应对灾害时，减轻灾民痛苦和减少物流成本之间需要进行权衡。一方面，不管是应急物流研究还是实践都强调要"以人为本"，即更多地考量如何减轻灾民的痛苦[30, 52]。例如，1997年由部分非政府组织发起的"环球计划"，其核心理念在于采取一切可能和必要的措施以减轻灾害和冲突导致的痛苦。然而，另一方面，物流成本仍然是应急物流中不可忽视的一部分。对于很多救援组织来说，物流成本的负担很大[2, 122]，尤其是对于发展中国家的一些应急救援项目和计划而言，减少应急物流运作成本十分重要[148]。因此，在应急物流中，尤其是在研究选址-路径规划问题时，大多需要考虑减轻灾民痛苦和减少物流成本之间的权衡。

然而，根据研究者对近些年我国发生的多起大型自然灾害的调研，容易发现由于灾害的复杂性与不确定性，在减轻灾民痛苦和减少物流成本之间，往往没有通用的权衡准则，大多十分依赖于实际情况。例如，2022年9月，我国四川省泸定县发生6.8级地震。由于许多受灾者处境危险，当地政府动用了军队和直升机进行救援行动，并表示会尽最大努力、不惜一切代价挽救每个人的生命。在这种场景下，减轻灾民的痛苦显然比减少物流成本更加重要。相反，对于某些频发的洪水或干旱，由于其具有一定规律性且可以提前预警，当地民众与救援组织可能已经习惯了随时进行应急疏散。在这种情况下，救援组织可能更多地思考如何减少每次应对灾害的开支。

上述例子表明，在不同情况下，减轻灾民的痛苦和减少物流成本之间的权衡可能也会有所不同。很多时候决策者并没有很强的偏好，对于这种权衡可能也难以确定准确的权重，只能凭经验和感觉最大限度地提升资金利用效率。例如，在我国，有时地方政府会关心相对效果成本比的最大化，即令单位成本可以产生的边际效益最大[59]。这些决策者并不倾向于采取极端措施减轻灾民的痛苦或大幅节省开支，而是优先考虑一种更平衡的方法，既避免很高的物流成本，又能够尽量减轻灾民的痛苦，这与以往以效果最大化或成本最小化作为主导目标的决策模型不同。

综上所述，本章希望深入研究相对效果成本比最大化的目标函数。事实上，相对效果成本比最大化在医疗与经济学等领域早已有了广泛的研究[149]，然而，在应急物流领域却少有研究提及。因此，本章试图通过回答下列研究问题来填补这一空白，推动应急物流相关研究的发展：①如何基于相对效果成本比最大化的目标函数构建模型？②与其他的目标函数相比，相对效果成本比最大化的优势何在？

在回答上述研究问题之前，有一个前置问题需要首先解决，即如何衡量灾民的痛苦。目前的相关研究大多通过代理函数进行测量（例如，需求满足量的最大化、交货时间的最小化等），无法体现灾民感知痛苦随时间动态变化的特征。为了解决此问题，Holguín-Veras等[4]提出了匮乏成本的概念，将其定义为"由于缺乏物资或相关服务造成的灾民痛苦的经济估值"，能够直接衡量灾民的痛苦程度，同时提出以社会成本最小化（即物流成本与匮乏成本之和的最小化）作为权衡指标。

本章同样采取匮乏成本作为灾民痛苦的衡量标准，因此会不可避免地对社会成本最小化与相对效果成本比最大化进行比较。必须承认的是，社会成本最小化不但可以作为一个权衡指标，其本身也十分容易理解且方便计算，但当物资较为匮乏的时候，社会成本最小化过于追求应急物流的效果，忽视了运作成本的重要性。换言之，社会成本最小化容易导致付出十分高昂的代价，而仅仅获得较少收益（减轻的灾民痛苦较少）的情况出现，因为即便匮乏成本的绝对值有所降低，但相比于总匮乏成本，其下降的部分所占比重仍然微乎其微。为了对两者进行比较，本章建立了相应的应急物流决策模型以解决选址-路径规划问题，并且进行了数值模拟实验和案例分析。结果表明，与社会成本最小化相比，相对效果成本比最大化提供了更加均衡的配送策略，大幅降低了物流成本。因此，在合适的情况下，可以考虑采用相对效果成本比最大化作为目标函数以代替社会成本最小化。

本章研究的贡献有以下三个方面。

（1）本章将相对效果成本比最大化与应急物流中广泛研究的社会成本最小化目标函数进行比较，指出了前者的优势。当花费高昂的代价仅能略微减轻灾民的痛苦时，相对效果成本比不失为另一种合适的目标函数的选择。这一发现填补了研究空白，丰富了相关文献。

（2）本章建立了分式规划模型，并采用牛顿法求解应急物流选址-路径规划问题。尽管Wang等[59]以及De Vries和Van Wassenhove[149]已经意识到相对效果成本比最大化的重要性，但很少有文章对此进行建模研究并解决实际应急物流问题，尤其是采用匮乏成本函数作为灾民痛苦的衡量方法。本章针对大型数值算例，设计了一种自适应遗传算法，改变了一般算法中运算符的顺序，提高了计算效率。

（3）通过案例研究和相应的敏感性分析，本章提出了一些有用的管理学启示，可以帮助决策者更好地将理论与实践联系起来，在不同的时候选择合适的目标函数。

第二节 文献综述

为了阐述本章研究的核心贡献，本节针对应急物流中的选址-路径规划问题、选址-路径规划问题的目标函数以及相对效果成本比函数这三部分内容进行文献综述。

一、应急物流中的选址-路径规划问题

物资调配中心的选址以及车辆路径规划是应急物流中两个重要的研究问题[150]。一方面，选址是一个重要但缺乏灵活性的决策问题，因为糟糕的选址可能导致巨大的开销甚至影响整个应急物流运作；另一方面，路径规划是一个极其复杂但灵活性较高的决策问题，它直接影响着灾民收到应急物资援助的时间，决定着应急物流运作的效果。另外，选址决策一般在灾前进行[56,151]，而路径规划决策一般在灾后进行[61,152]。

近年来，越来越多的研究者和实践人员开始认识到整合并考虑更加复杂的应急物流问题的重要性[153]。其中，选址-路径规划问题就是将技术与实际运作整合后的应急物流问题[154]，尽管该领域已有部分相关研究，但是总体仍然不足。Yi 和 Özdamar[155]考虑了解决选址-路径规划问题的灾后应急物流动态协调模型；Rath 和 Gutjahr[115]考虑了国际救援组织所面临的灾后临时仓库选址与应急物资分发路径规划问题；Moshref-Javadi 和 Lee[156]考虑了一种变异的选址-路径规划问题，将最短路径问题替换为最小延迟问题；Cherkesly 等[157]解决了利比里亚地区医疗健康网络中的选址-路径规划问题；Wei 等[158]解决了带有时间窗的选址-路径规划问题，并试图为应急物资和车辆设计调配系统；Peng 等[159]解决了海运中的选址-路径规划问题，其中考虑了时间窗、物资分配的优先级以及救援的高成本。

然而，上述绝大多数文献考虑的都是选址-路径规划问题的应用，并没有在目标函数上有所创新，这也是本章研究区别于上述研究的关键点，接下来将对此进行进一步阐述。

二、选址-路径规划问题的目标函数

通过相关文献综述，作者总结了选址-路径规划问题中常见的四类目标函数，包括物流成本最小化[157,160]、效果类惩罚函数（包括未满足需求、负效用、延迟、匮乏成本等）[155,156]、惩罚项与物流成本之和最小化[11,161]以及多目标规划[151,162]。由于惩罚项一般与应急行动的效果相关，因此对于绝大多数的选址-路径规划问题，其需要进行的决策本质上都是效果与成本的权衡。

事实上，配合相应的约束条件，以上四类目标函数都能或多或少地实现效果与成本的权衡。一般而言，前两者具有较高的偏向性且需要依靠约束条件进行限制，例如，Arslan 等[154]在保证应急物资充足的情况下最小化选址与路径规划的总成本，其本质仍然是经济导向的，对应急行动的效果要求不高（只需要最终能够满足需求即可）。相比之下，多目标规划有利于更加深入地考虑应急物流问题，但是同样求解也更为复杂，例如，Ghasemi 等[163]构建了一个包含总成本最小化、最大未满足需求最小化以及总疏散失败次数最小化的三目标模型，并采用非支配排序遗传算法、增强帕累托进化算法、基于帕累托包络的选择算法以及 ε-约束方法去求解模型。

剩余的一类目标函数为惩罚项与物流成本之和最小化，这意味着在一个目标函数中同时考虑惩罚项与物流成本，清晰易懂且计算方便，其中最典型的代表便是 Holguín-Veras 等[4]提出的社会成本最小化，包括匮乏成本和物流成本。由于本书前几章已经对此进行了详细的介绍，此处不再赘述。然而，社会成本最小化也存在一定的缺陷，当应急物资不充足时，由于匮乏成本的数值可能远大于物流成本，社会成本最小化过分追求应急行动效果的最大化而忽略了物流成本的增长，即倾向于花费相对来说较多的费用以获得行动效果的微小提升。即便从绝对数值来看匮乏成本可能下降了不少，但是相比于其庞大的总累积值而言几乎可以忽略不计。因此，决策者会感到怀疑，他们是否将钱花费在了正确的地方？由此，另一个衡量指标应运而生，即相对效果成本比，它可以帮助决策者判断其投资是否值得。

三、相对效果成本比函数

相对效果成本比的概念源自经济学，用来对比不同阶段行动的相关成本与收益。不久之后，这一概念成为医疗科学领域用于衡量药物疗效的关键指标[164-166]。然而，在应急物流领域，相对效果成本比一直未受到足够的重视，直到近些年才有部分研究提出应当将其作为目标函数进行考量。例如，Hu 和 Dong[57]考虑了应急物资采购的供应商选择问题，并且指出选择合适的供应商有助于提升应急物流行动的相对效果成本比；Wang 等[59]设置了包含相对效果成本比的绩效评价指标体系，以衡量奖金激励是否能够在固定框架协议的基础上使应急物流行动的效果/

相对效果成本比得到提升；De Vries 和 Van Wassenhove[149]认为现阶段运筹学/管理科学相关研究过于强调应急效果最大化，应当转变研究范式，考虑针对相对效果成本比进行优化。上述文献虽然认识到了相对效果成本比是一种重要的绩效评价指标，但均未将相对效果成本比作为目标函数在应急物流数学模型中加以考量，同时也没有将相对效果成本比函数与社会成本函数的优化结果进行比较，这也是本章研究与上述文献的区别。

第三节　问题描述与模型构建

一、问题描述

如上文所述，本章主要关注选址-路径规划问题。当灾害发生时，应急物资将聚集在大型的仓库或者物资配送中心，经协调调度运往各个需求点。因此，在灾前准备阶段，救援组织需要首先考察配送中心的选址，从多个备选点中选择合适的位置，并确定每个配送中心所需要服务的需求点。在选址完成后，考虑不同需求点的配送顺序，其本质是路径规划问题，具体过程见图 8.1。根据上文所述，本节建模以相对效果成本比最大化作为应急物流模型的目标函数。

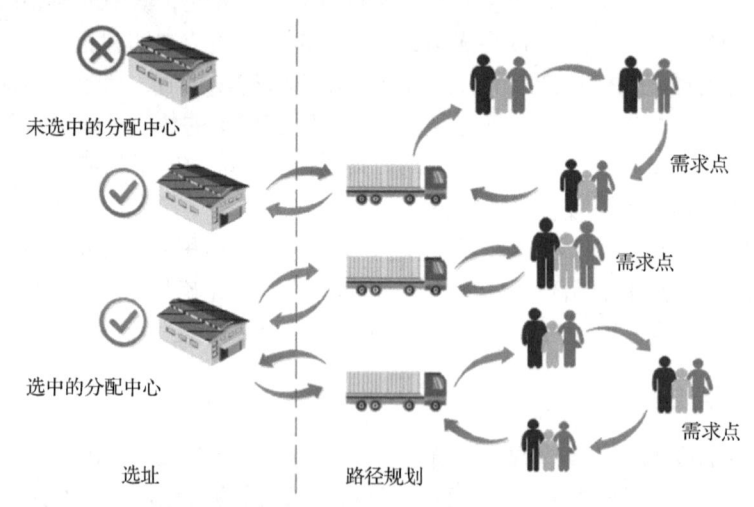

图 8.1　选址-路径规划问题描述[167]

这里假设救援组织完全了解该场景下的部分基础信息，包括但不限于：①备选点的位置；②需求点的位置；③各个需求点的需求量；④备选点到各个需求点的运输时间等。除此以外，暂不考虑应急物资的巡回运输，因此假设应急物资不是消耗性物资，其匮乏成本在物资运到时即降为 0 并不再累积上升。

二、模型构建

本节的模型构建基于 Ahmadi 等[168]所提出的多点路径规划模型,遵循了其文章中绝大多数的假设与约束条件,但将其目标函数变成了最大化相对效果成本比,并采用匮乏成本作为应急物流运作效果的衡量指标。表 8.1 为模型所采用的各个参数。

表 8.1 选址-路径规划模型参数

参数	参数含义
模型参数	
J	需求点数量,$j, h = 1, 2, 3, \cdots, J$
I	配送中心数量,$i = J+1, J+2, \cdots, J+I$
N	网络中所有节点的集合
K	网络中所有路径的集合
T	时间阶段
c_f	配送中心运作的固定成本
c_v	单位时间内的运费
Q	每个配送中心的容量
q	每条路径的承载量
$\mu(t)$	匮乏成本函数
t_{nm}	点 n 到点 m 的运输时间
d_j	点 j 的需求量
t_j^0	救灾行动开始前点 j 已经历的时间
M	一个很大的正数
选择变量	
δ_i	若点 i 被选中为配送中心,则取 1,否则取 0
ϕ_{ik}	若路线 k 被分配给点 i 则取 1,否则取 0
x_{nmk}	若路线 k 经过需求点 n 后立刻经过需求点 m 则取 1,否则取 0
y_{jk}	若路线 k 经过需求点 j 则取 1,否则取 0
$B1_{ijk}$	辅助变量,$B1_{ijk} = \phi_{ik} y_{jk}$
连续变量	
t_j	救援物资到达需求点 j 的时间点,$t_j = 0 (j \in I)$
β_{nk}	Miller-Tucker-Zemlin 约束条件参数
$B2_{njk}$	辅助变量,$B2_{njk} = x_{njk} t_n$

$$\max E = \frac{\sum_{j=1}^{J} d_j \left(\mu(T) - \mu\left(t_j + t_j^0\right) \right)}{c_f \sum_{i \in I} \delta_i + c_v \sum_{n \in N} \sum_{m \in N} \sum_{k \in K} t_{nm} x_{nmk}} \qquad (8.1)$$

式（8.1）旨在最大化相对效果成本比，即单位成本下能够实现的最大应急物流运作效果。值得注意的是，相比于在应急物流模型中广泛使用的线性规划，本节模型采用了分式规划，尽管在计算上更加困难，但是可以得出应急物流效果与成本的均衡解，消除了决策者主观因素的影响。由于下文的算例部分会将最大化相对效果成本比与最小化匮乏成本、最小化社会成本进行对比，所以此处同时列出后两种目标函数如下：

$$\min \sum_{j=1}^{J} d_j \mu\left(t_j + t_j^0\right) \qquad (8.2)$$

$$\min \sum_{j=1}^{J} d_j \mu\left(t_j + t_j^0\right) + c_f \sum_{i \in I} \delta_i + c_v \sum_{n \in N} \sum_{m \in N} \sum_{k \in K} t_{nm} x_{nmk} \qquad (8.3)$$

接下来列出各种约束条件。式（8.4）保证了一条路径只会被分配给一个物资配送中心，式（8.5）则保证了所有的服务均由被选中的物资配送中心提供，不存在未被选中的物资配送中心提供服务的可能性。式（8.6）和式（8.7）保证了物资配送为巡回运输，即从某个物资配送中心出发最后回到同一个物资配送中心。式（8.8）是一个平衡约束，保证抵达和离开任意点的车流量相同。式（8.9）保证了每条路径至少有一个端点。

$$\sum_{i \in I} \phi_{ik} \leqslant 1 \qquad (8.4)$$

$$\phi_{ik} \leqslant \delta_i \qquad (8.5)$$

$$\sum_{j \in J} x_{ijk} = \phi_{ik} \qquad (8.6)$$

$$\sum_{j \in J} x_{jik} = \phi_{ik} \qquad (8.7)$$

$$\sum_{m \in N} x_{nmk} = \sum_{m \in N} x_{mnk} \qquad (8.8)$$

$$\sum_{i \in I} \sum_{j \in J} x_{jik} \leqslant 1 \qquad (8.9)$$

式（8.10）和式（8.11）保证了每一个需求点只会获得一次服务，以避免浪费。式（8.12）是 Miller-Tucker-Zemlin 子环路消除约束。式（8.13）为运输能力限制，式（8.14）则为库存能力限制，保证了总需求不超过库存能力上限。式（8.15）和式（8.16）记录了物资到达每个需求点的时间。式（8.17）和式（8.18）为参数范围相关约束。

$$\sum_{n \in N} x_{njk} = y_{jk} \quad (8.10)$$

$$\sum_{k \in K} y_{jk} = 1 \quad (8.11)$$

$$\beta_{jk} - \beta_{hk} + qx_{jhk} \leq q - 1 \quad (8.12)$$

$$\sum_{j \in J} d_j y_{jk} \leq q \quad (8.13)$$

$$\sum_{j \in J} d_j \sum_{k \in K} \phi_{ik} y_{jk} \leq Q \quad (8.14)$$

$$t_j = \sum_{n \in N} \sum_{k \in K} x_{njk} \left(t_{nj} + t_n \right) \quad (8.15)$$

$$t_j \leq T \quad (8.16)$$

$$\beta_{nk}, t_j \geq 0 \quad (8.17)$$

$$i \in I; j, h \in J; k \in K; m, n \in N \quad (8.18)$$

三、模型简化和计算

该模型较为复杂，需要进行简化，此处运用辅助变量以及大 M 法将非线性的约束条件线性化，并采用牛顿法解决分式规划问题。对于大型算例，本章也介绍了改进的遗传算法以方便计算。

（一）约束条件线性化

通过线性化方法，可以将式（8.14）变为

$$\sum_{j \in J} \sum_{k \in K} d_j \mathrm{B1}_{ijk} \leq Q \quad (8.19)$$

$$\mathrm{B1}_{ijk} \geq \phi_{ik} - M\left(1 - y_{jk}\right) \quad (8.20)$$

类似地，可以将式（8.15）变为

$$t_j = \sum_{n \in N} \sum_{k \in K} \left(x_{njk} t_{nj} + \mathrm{B2}_{njk} \right) \quad (8.21)$$

$$\mathrm{B2}_{njk} \geq t_n - M\left(1 - x_{njk}\right) \quad (8.22)$$

$$\mathrm{B2}_{njk} \geq 0 \quad (8.23)$$

（二）牛顿法

牛顿法是一种通过不断下降迭代以求得非线性规划问题近似最优解的常用方法。对于分式规划，将其目标函数表示为 $\max \dfrac{f(z)}{g(z)}$ 的形式，其中 $z \in Z$，Z 为可行解集。对于所有可行解，$f(z)$ 和 $g(z)$ 都是线性函数且 $g(z) > 0$。牛顿法将分式规划的形式转换成一般的线性规划，即 $\max h(z) = f(z) - \lambda g(z)$，$\lambda \in \mathbb{R}$，并通过产生一系列的 $\{\lambda_i\}$ 使线性规划结果不断逼近原分式规划并进行迭代，以此求得近似最优解[169]，具体过程如算法 8.1 所示。经过牛顿法转换后的线性规划问题，即可采用 MATLAB 调用 CPLEX 工具进行求解。

算法 8.1　牛顿法具体步骤[169]

输入：设置初始迭代序列 $i = 0$ 以及初始参数 λ_i。

计算线性规划 $h(z) = f(z) - \lambda g(z)$ 并得到解 z_i。

1. 设置 $\lambda_{i+1} = \dfrac{f(z_i)}{g(z_i)}$。

2. 如果 $h(\lambda_{i+1}) = 0$，则设置 $\lambda^* = \lambda_{i+1}$，$z^* = z_{i+1}$ 并终止迭代。

   如果 $h(\lambda_{i+1}) \neq 0$，则设置 $i = i + 1$ 并重复步骤 1。

输出：求得最优的 λ^* 和 z^*，后者即为原优化问题的近似最优解。

（三）改进的遗传算法

由于选址-路径规划问题大多数都是 NP 难问题，在大型算例中难以求得精确解，因此需要设计算法来求近似解。本节采用一种元启发式算法，即自适应遗传算法来求解本章提出的选址-路径规划问题。遗传算法是一种广泛运用于求解 NP 难问题的算法，在寻找大规模算例解的同时具有极高的效率。本节对自适应遗传算法进行了改良，以使其在解决本章提出的问题时效率更高。具体而言，交叉算子可以通过组合染色体的特征产生后代，并从最适合的解中继承更好的特征。因此，通常应该设置较大的交叉概率以确保全局搜索能力。然而，在测试过程中，作者发现当迭代到一定次数时，可以得到一些近似最优的局部解，这些解可以通过适当降低交叉概率加以保留。而对于突变算子，可以观察到其在该算法的局部搜索中起着重要作用，在染色体中产生自发的随机变化。由于局部解之间的相对距离较近，如果突变概率很小，就会产生早熟现象。在这种情况下，本节改变了算子的处理顺序，有助于进一步加快和简化计算过程。相关程序如算法 8.2 所示。

算法 8.2 自适应遗传算法的普遍框架

1. **Begin**
2. 将集合 X_{iter} 设置为初始染色体，将迭代次数设置为 iter $\leftarrow 1$
3. 将算子参数初始化，如交叉算子的 P_c、突变算子的 P_m
4. **while** iter < 最大迭代次数 **do**
5.   **for** 所有在 X_{iter} 中的染色体 **do**
6.   交叉算子：   **if** iter > 第一阶段迭代

$$P_c \leftarrow P_c$$

                else if iter > 第二阶段迭代

$$P_c \leftarrow pP_c \quad //0 < p < 1$$

                end if

7.   突变算子：   **if** X_{iter} 中染色体参数 $f >$ 平均值 f_{ave}

$$P_m \leftarrow P_m - \frac{0.5P_m(f - f_{\min})}{f_{\text{ave}} - f_{\min}}$$

                otherwise

$$P_m \leftarrow P_m$$

                end if

8.   逆转算子：   index $= f < f_{\text{after-reverse}}$

$$X_{\text{iter}}(\text{index},:) \leftarrow X_{\text{iter-after-reverse}}(\text{index},:)$$
$$f(\text{index},:) \leftarrow f_{\text{after-reverse}}(\text{index},:)$$

9.   选择 //轮盘赌
10.   插入新的种群
11.   **end for**
12.   iter $\leftarrow$ iter $+ 1$
13. **end while**
14. **return** 最优解
15. **End**

第四节　数　值　算　例

本节采用随机产生的数据来验证所构建模型的正确性和可行性，并通过算例进一步认知最大化相对效果成本比这一目标函数。该算例基于较为简单的运输网络，包括 13 个需求点和 6 个备选物资配送中心。如图 8.2 所示，需求点与备选点的位置均为随机产生,其中需求点以 1~13 表示,剩下的为备选点。为了简化计算,假设点与点之间的道路均为直线。

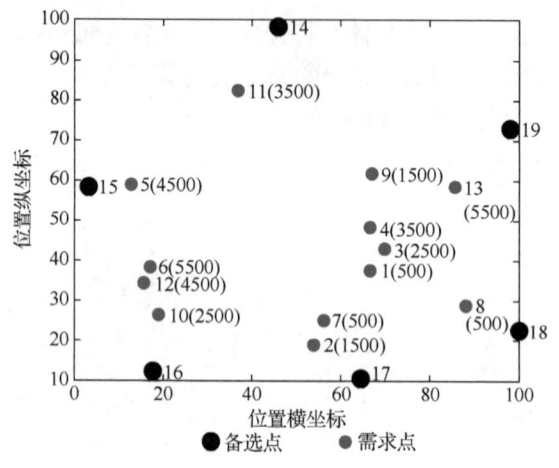

图 8.2 需求点与备选点示意图[167]
括号内为需求量

灾害发生后,需要一定时间传递信息、筹措资金与物资等,因此本节假设第一批应急物资在灾后 12h 开始运输,第一轮应急物流运作的总时长为 2 天。单位时间的应急物资运输成本为 100 元,将一个备选点启用为物资配送中心的成本为 1000 元,每个物资配送中心的储能为 40 000 单位,单次运输能力为 10 000 单位,匮乏成本[31]函数为 $\mu(t) = e^{1.5031+0.1172t} - e^{1.5031}$。

一、计算结果与讨论

本节模型采用加载了 12.6.0 版本的 ILOG CPLEX 的 MATLAB R2021a 进行求解,求解所用计算机处理器速度为 2.5GHz,运行内存为 16GB。结果如表 8.2 和图 8.3 所示。

表 8.2 三种目标函数下计算结果比较

比较项目	最小化匮乏成本	最小化社会成本	最大化相对效果成本比
资源平均利用率/%	15.21	15.21	45.64
启用的配送中心数量/个	6	6	2
平均匮乏成本/元	19.32	19.32	28.86
平均匮乏时间/h	14.18	14.18	16.40
物流成本/元	11 365.52	11 365.52	6 114.04

第八章　运用匮乏理论构建选址-路径规划问题的目标函数　　·109·

续表

比较项目	最小化匮乏成本	最小化社会成本	最大化相对效果成本比
社会成本/元	716 504.97	716 504.97	1 059 520.58
相对效果成本比	3 929.04	3 929.04	7 246.80

(a) 最小化匮乏成本

(b) 最小化社会成本

(c) 最大化相对效果成本比

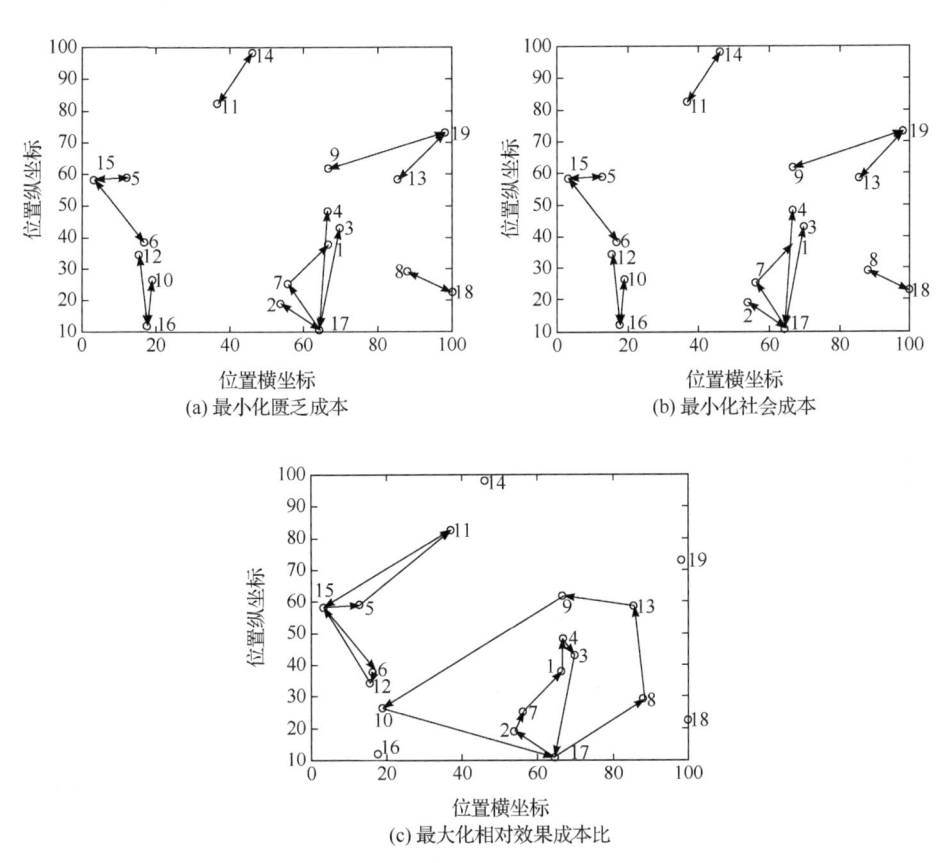

图 8.3　不同目标函数下的最优路径（数值算例）

首先，由图 8.3 和表 8.2 可见，将最小化匮乏成本和最小化社会成本作为目标函数时，结果完全相同，即所有的备选点都被启用为配送中心，且其配送路线为（14—11—14），（15—6—15，15—5—15），（16—10—16，16—12—16），（17—3—17，17—4—17，17—2—17，17—7—1—17），（18—8—18），（19—9—19，19—13—19）。而对于最大化效果成本比而言，仅有两个备选点（15 和 17）被启用为配送中心，其路线为（15—6—12—15，15—5—11—15），（17—2—7—1—4—3—17，17—8—13—9—10—17）。

结论 1：最小化社会成本往往过于偏重提升救援行动的效果（最小化社会成本和最小化匮乏成本的结果相同）；与之相比，最大化相对效果成本比可以提供一种均衡的解决方案，在节省大量成本的同时，造成的效果损失较小。

事实上，对于最小化社会/匮乏成本而言，其配送中心的资源利用率远低于最大化相对效果成本比，但物流成本是最高的（最大化相对效果成本比目标函数下，其物流成本只有当前的 53.79%）。当然，最小化社会/匮乏成本的匮乏时间（14.18h）相比于最大化相对效果成本比（16.40h）有一些减小，但变动不大。综上所述，决策者应该考虑是否值得花更多的钱来实现应急物流运作效果的小幅提高。

二、敏感性分析

接下来分析相关参数对应急物流运作的影响，包括启用待选物资配送中心的费用、应急物资需求量以及运输时间。

（一）启用待选物资配送中心的费用

下面分析的参数是启用配送中心的固定成本，结果如图 8.4 所示。从图 8.4 中可以看出，最小化社会成本与最小化匮乏成本之间的差异很小，只有当配送中心的固定成本非常高时，两者的配送中心数量和物流成本才会有显著差异（相对效果成本比和平均匮乏时间自始至终保持一致）。

紧接着，比较最大化相对效果成本比与最小化社会成本，发现前者对配送中心数量和平均匮乏时间的变化更为敏感，而对物流成本的敏感性较低。从图 8.4（a）和图 8.4（b）可以看出，最大化相对效果成本比的最优策略随固定成本增加变化明显，配送中心数量随着固定成本的增加从 6 个减少到 1 个。与此同时，需求点的平均匮乏时间从 14.85h 增加到 17.72h。相反，对于最小化社会成本，平均匮乏时间几乎保持不变，只有当配送中心的固定成本非常高时，配送中心的数量才会变化。然而，从图 8.4（c）中也可以看到，最小化社会成本策略的物流成本随着

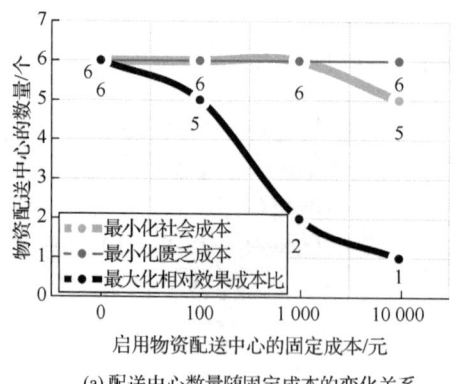

(a) 配送中心数量随固定成本的变化关系

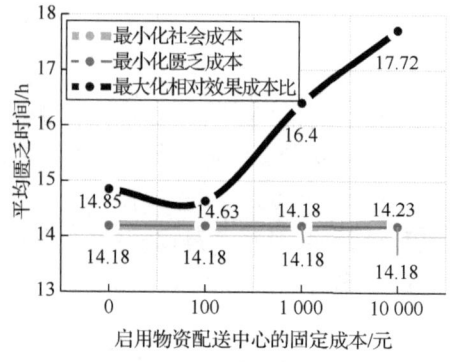

(b) 平均匮乏时间随固定成本的变化关系

第八章 运用匮乏理论构建选址-路径规划问题的目标函数

(c) 物流成本随固定成本的变化关系

(d) 效果成本比随固定成本的变化关系

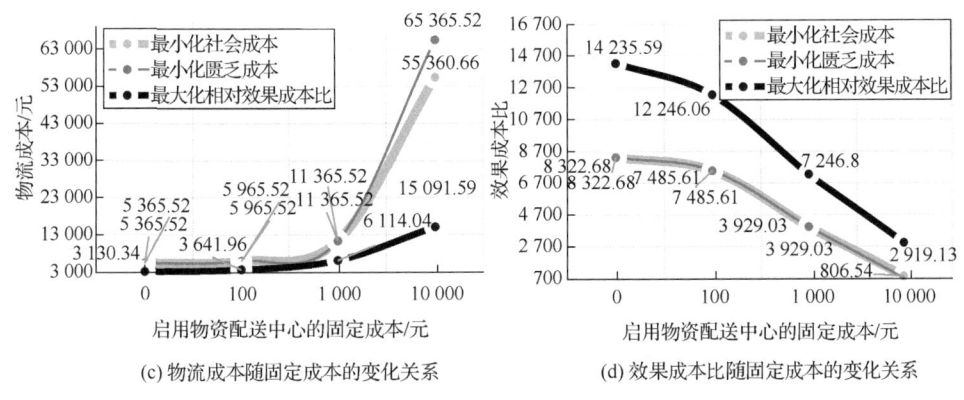

图 8.4 启用物资配送中心的固定成本与其他因素之间的关系

配送中心固定成本的增加而大幅增加，而最大化相对效果成本比的增加幅度相对较小。因此可以得出以下结论。

结论 2：随着启用待选物资配送中心的固定成本的增加，无论是最小化社会成本还是最大化相对效果成本比，其配送中心的数量和相对效果成本比都会减少，而平均匮乏时间与物流成本则会增加。通过比较可以看出，最小化社会成本的最优解与最小化匮乏成本的最优解相似，但与最大化相对效果成本比的最优解存在显著差异，前者对物流成本更为敏感，后者对配送中心数量和平均匮乏时间更为敏感。

（二）应急物资需求量

接下来分析每个需求点的应急物资需求量的变化对结果的影响，如图 8.5 所示。可以看出，对于最大化相对效果成本比和最小化社会成本，随着需求的增加，配送中心的数量、物流成本和相对效果成本比都会增加，平均匮乏时间会减少。其中，最小化社会成本对应的最优策略发生了显著变化，配送中心数量从 1 个增加到 6 个，物流成本从 3662.16 元增加到 11 365.52 元，相对效果成本比值从 0.39 增加到 3929.03，平均匮乏时间从 21.67h 减少到 14.18h。然而，在最大化相对效果成本比方案中，配送中心数量、平均匮乏时间和物流成本的变化相对较小，这表明相对效果成本比最大化对需求变化的敏感性不高。此外，在不同需求下，最小化社会成本和最小化匮乏成本的解决方案也存在显著差异。因此，可以得出以下结论。

结论 3：随着各需求点应急物资需求的增加，对于最小化社会成本和最大化相对效果成本比的最优解而言，配送中心数量、物流成本和相对效果成本比都会增加，平均匮乏时间会减少。通过配对比较可以发现，需求的变化可以显著区分三个不同的目标，且与最小化社会成本相比，最大化相对效果成本比对需求变化的影响不那么敏感。

(a) 配送中心数量随需求量的变化关系

(b) 平均匮乏时间随需求量的变化关系

(c) 物流成本随需求量的变化关系

(d) 效果成本比随需求量的变化关系

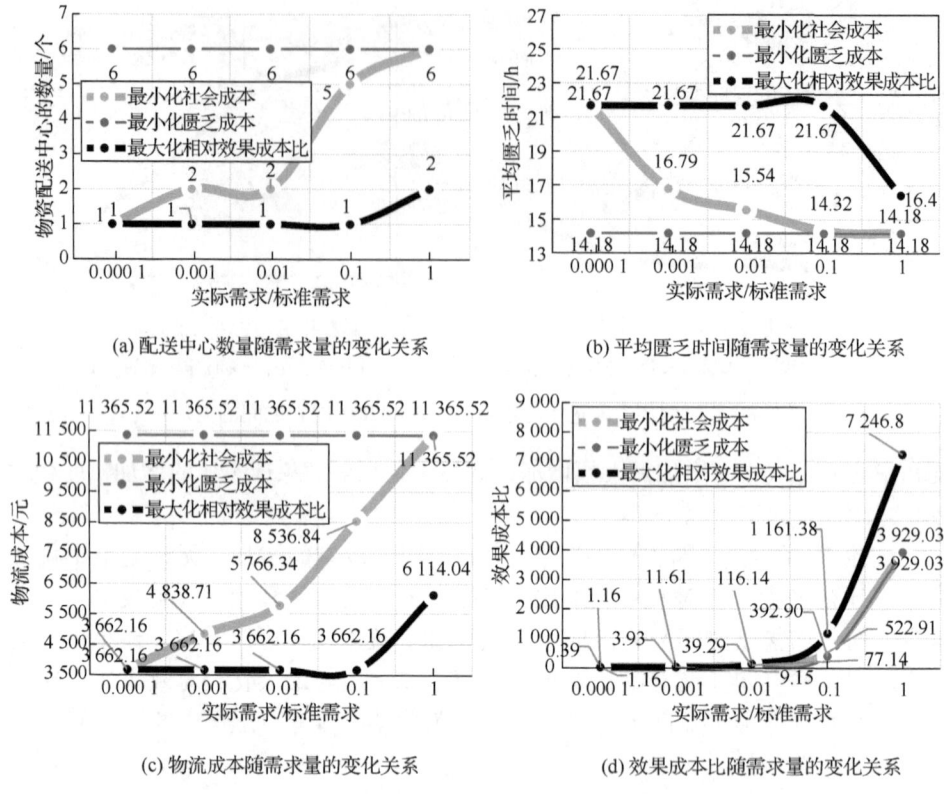

图 8.5 应急物资需求量与其他因素之间的关系

（三）运输时间

网络故障和中断是应急物流和灾害管理中的常见问题。由于灾害可以摧毁道路、桥梁和其他基础设施，车辆可能需要更多的时间来运送应急物资。在道路损毁率较低的情况下，决策者可能需要改变路线绕过受损道路，这意味着更长的应急物资运输时间；但在道路损毁率较高的情况下，大多数道路都被破坏，甚至可能没有能够到达灾区的路线。基于上述背景，此处假设在交货前清理和抢修道路所需的时间为 24h。

这里使用道路损坏百分比来表示网络故障率，并考虑了四种不同的情况（道路损坏的百分比分别为 10%、30%、50% 和 80%）。作者及其研究团队在地图上随机选取受损道路，并重复进行了 20 次实验，结果如图 8.6 所示。可以看出，一方面，图 8.6 显示出最小化匮乏成本和最小化社会成本的结果都是一样的（完全重合），需要启用更多的物资配送中心（比最大化相对效果成本比多 2~4 个），物流成本更高（比相对效果成本比优化多 77.06%~154.99%），匮乏时间较少（比最大化相对效果成本比少 2.22~5.53h）。另一方面，从图 8.6 可以看出，随着网络故障

第八章　运用匮乏理论构建选址-路径规划问题的目标函数　　·113·

率的增加，虽然所需的配送中心数量基本没有变化，但需求点的平均匮乏时间和物流成本等参数逐渐增加，而相对效果成本比值则下降。这表明随着故障率的上升，需要更多的时间和更多的物流成本来绕过受损的道路，与正常的认知相符。

(a) 配送中心数量随网络故障率的变化关系

(b) 平均匮乏时间随网络故障率的变化关系

(c) 物流成本随网络故障率的变化关系

(d) 效果成本比随网络故障率的变化关系

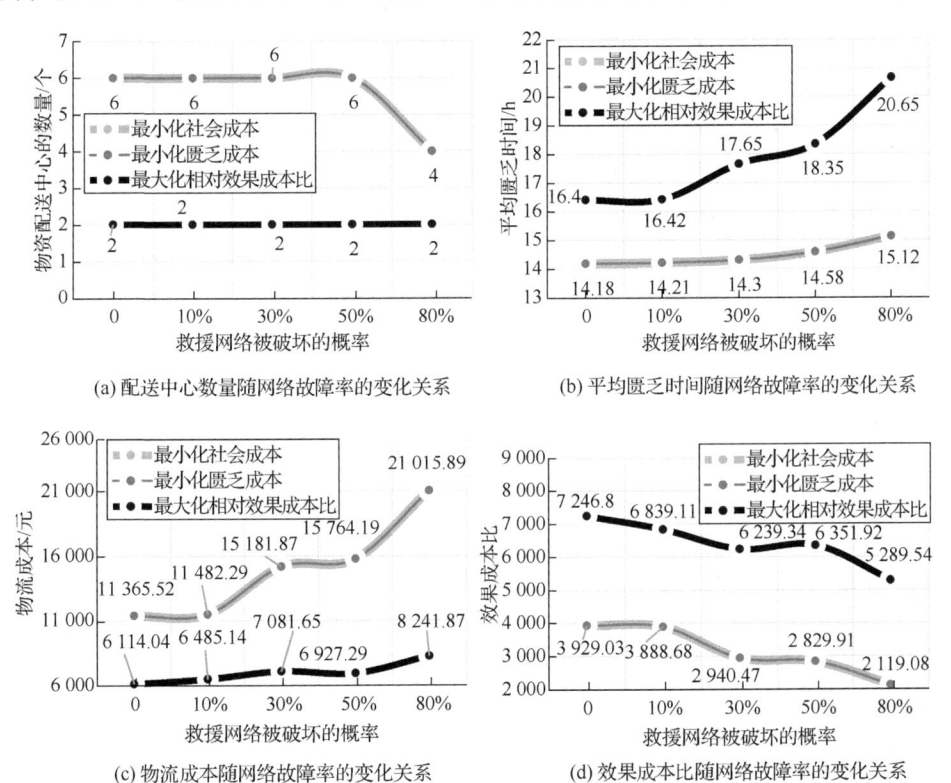

图 8.6　网络故障率与其他因素之间的关系

结论 4：随着网络故障率的增加，最小化社会成本和最小化匮乏成本的最优解相同，所需配送中心数量和相对效果成本比减小，而物流成本和匮乏时间增加。通过对比，可以看出最大化相对效果成本比对网络故障率的变化同样不太敏感。

综上所述，最小化社会成本是一种以减轻灾民痛苦为导向的方法，在许多情况下类似于最小化匮乏成本，一般对物流成本的变化不敏感，但对需求的变化很敏感。当需求较小时，最小化社会成本与最大化相对效果成本比策略是一致的。最大化相对效果成本比则是一种权衡应急物流效果与成本的优化方法，其追求更大的边际效益，而不会为了略微减轻灾民的痛苦而大幅增加成本。显然，这些目标函数各有优劣，需要决策者根据实际情况选择。为了证明这些结论的稳定性和一般性，接下来将讨论大型案例中不同目标函数的应用。

第五节 案例分析

为了测试所提出的模型能否解决更大规模的问题，本节以合肥市为例进行案例分析。合肥市是中国安徽省的省会，毗邻中国东部主要地震带郯城—庐江断裂带。由于合肥市人口密度大，且为国内重要的高铁枢纽，一旦发生大型地震，其造成的经济和社会影响都十分重大。因此，在合肥地区进行地震应急物资配送中心的选址和路线规划具有重要的预防意义。

本节案例分析的人口（需求）数据来源于第七次全国人口普查。将合肥市划分为58个街道，并根据数据计算出每个街道的人口分布情况，然后利用ArcGIS软件结合合肥市的地理信息系统（geographic information system，GIS）数据进行分析。假设每条街道都有一个需求点，而学校、广场和体育场等16个地点被选为备用的配送中心。

在本案例中，配送中心的累计库容为1 750 000单位（约为总需求的一半），运输能力为150 000单位，运输成本为1000元/h，固定成本为10 000元。匮乏成本函数与本章第四节中使用的函数相同。本案例中的模型采用本章第三节提到的自适应遗传算法求解。值得一提的是，本案例中每个场景的算法都重复了10次以上，以展示解的鲁棒性和一般性，并且每个结果的计算时间都不超过400s。

如表8.3和图8.7所示，最小化社会成本和最小化匮乏成本的结果仍然是一样的，其启用的配送中心数量为12个，平均匮乏成本为14.25元，平均匮乏时间为12.18h。相反，最大化相对效果成本比的方案从16个备用配送中心里选择了3个，其平均匮乏成本为14.71元，平均匮乏时间为12.38h。可以看出，相比于最小化社会成本/最小化匮乏成本的结果，最大化相对效果成本比的物流成本显著降低，相对效果成本比显著提高，但平均匮乏时间与平均匮乏成本仅小幅增加。以上结果表明结论1在更大、更复杂的应急物流网络中仍然成立。

表8.3 大型算例中三种目标函数下计算结果比较

指标	最小化匮乏成本	最小化社会成本	最大化相对效果成本比
资源平均利用率/%	16.30	16.30	65.22
启用的配送中心数量/个	12	12	3
平均匮乏成本/元	14.25	14.25	14.71
平均匮乏时间/h	12.18	12.18	12.38
物流成本/元	139 413.94	139 413.94	52 081.18
社会成本/元	48 922 711.54	48 922 711.54	50 402 171.20
相对效果成本比	30 164.93	30 164.93	80 717.17

第八章　运用匮乏理论构建选址-路径规划问题的目标函数 ·115·

(a) 最小化匮乏成本

(b) 最小化社会成本

(c) 最大化相对效果成本比

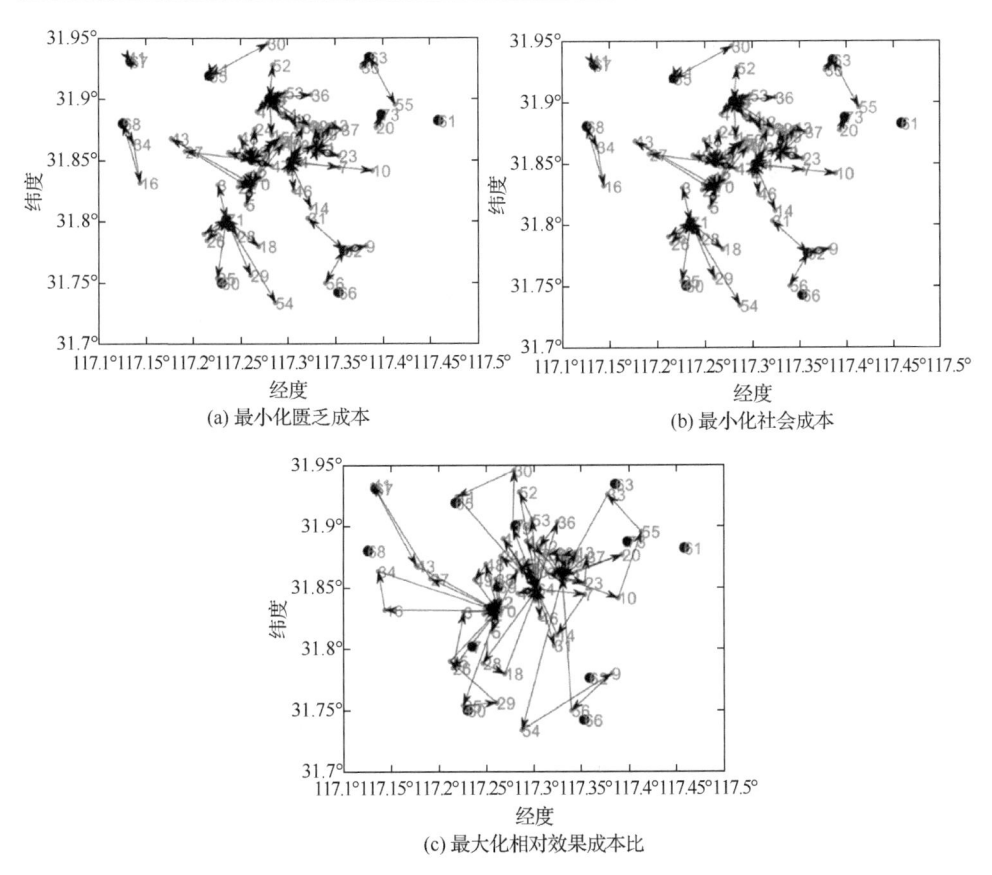

图 8.7　不同目标函数下的最优路径（案例分析）

结论 5： 在更大、更复杂的应急物流网络中，结论 1 仍然成立，即当匮乏成本远大于物流成本时，最小化社会成本的最优解与最小化匮乏成本的最优解几乎相同，这意味着最小化社会成本容易钻牛角尖（为了应急物流效果的略微提升而大幅增加成本）。相反，最大化相对效果成本比可以提供更平衡的解决方案，在一些场景下可以替代最小化社会成本，作为应急物流模型的目标函数。

为了进一步检验观察结果的稳健性和自适应遗传算法的有效性，作者进行了不同规模（需求点个数和分布点个数）的数值实验，所有规模都进行了 10 次以上的测试，并计算了平均值。事实证明，无论考虑多少个需求点和配送点，结果都是一样的，即与最小化社会成本目标相比，最大化相对效果成本比目标可以大幅降低物流成本，减少启用的应急物资配送中心的数量，而不会过度降低效果（匮乏时间仅略微增加）。另外，采用自适应遗传算法，在中小型实例（总点数在 80 以内）中，计算时间可以控制在 400s 以内；在大型实例（总点数在 180 以内）中，计算时间可控制在 2h 以内，这样的解决时间是合理且可接受的。

综上所述，本章建立的模型能够解决大规模问题，并提供与小规模实验相同的结论，证明了模型和方法的可行性和一般性。这些结果表明，在许多应急物流场景下，最小化社会成本确实与最小化匮乏成本较为相似，其结果均过度倾向于减轻灾民的痛苦而对物流成本的增加有所轻视。相反，最大化相对效果成本比则提供了一个更均衡的解决方案，在一些应急物流场景下可以替代最小化社会成本。

第六节 本章小结

在应急物流运作中，效果和成本都是需要考虑的重要因素，决策者应设法在两者之间取得平衡。本章提出了一个分式规划模型及其对应的新目标函数——最大化相对效果成本比。通过数值实验和基于合肥市实际数据的案例研究，本章将最大化相对效果成本比与最小化社会成本进行了比较。结果表明，在部分应急物流场景中，相比于最小化社会成本的方案，最大化相对效果成本比可以在效果损失不大的情况下减少大量的应急物流成本。

综上所述，可以得出如下的启示：首先，决策者应当时刻考虑是否值得花更多的钱来获得微不足道的应急物流效果的提升；其次，本章为应急物流运作中建模优化范式的转变提供了一个例子；最后，通过敏感性分析，可以发现只有需求差异才能区分最小化匮乏成本和最小化社会成本策略，这意味着这两种策略在大多数情况下是相似的。相反，最小化社会成本和最大化相对效果成本比之间通常存在显著差异。

后续研究可以对本章内容进行进一步的扩展和完善。首先，结合现实情况，可以考虑更微妙、更复杂的选址-路径规划问题。例如，可以将应急物资的储存与再分配纳入考虑，并检验结论是否会发生变化。其次，为了突出主要目的，本章并未考虑应急物资分配的公平性，未来的研究可以在模型中加入公平性考量，并比较最大化相对效果成本比和最小化社会成本，对比两种方案的公平性。再次，需要进一步开发启发式算法来加速大规模选址-路径规划问题的求解，并设计更加简单高效的算法来解决分式规划问题。最后，作为应急物流研究领域新的目标函数，最大化相对效果成本比是具有研究与应用价值的，但仍需要进行更多的后续研究与工作，才能促使理论与实践的接轨。

第九章　运用匮乏理论协助应急物资区域调度决策

除了具体的应急物资选址-路径规划问题之外,有时候决策者需要根据应急物资的具体储备情况以及灾害的严重程度做出整体的应急物资区域调度决策。社会成本是匮乏成本与物流成本之和[4, 6],通过对比不同应急物资区域调度策略的社会成本,即可协助决策者进行区域调度的策略选择。

第一节　背景介绍与相关文献

自然灾害通常会造成严重的人员伤亡和财产损失。面对复杂、严峻的自然灾害形势,应急物资的合理管理和调度在灾害准备与响应阶段起着至关重要的作用。《"十四五"国家综合防灾减灾规划》(以下简称《规划》)强调统筹构建区域防灾减灾协同机制,在灾情信息、救灾物资、救援力量等方面强化区域联动协作。然而,立足新时期防灾减灾工作特点和抢险救援能力要求,应急物资"谁来运""运多少""怎么运"的问题尚未得到进一步细化规范,应急物资区域调度策略的问题仍然需要进一步探讨。

应急物资区域调度决策一直是应急管理的研究重点,其中主要的研究问题包括设施选址、物资储备以及物资分配等。例如,葛洪磊和刘南[170]通过建立两阶段随机规划模型,先对灾前应急设施定位、应急物资储备进行分析,再对灾后应急物资调度进行优化;Zhou 等[171]利用改进的遗传算法对多周期动态应急资源分配问题进行求解。然而现有研究存在着以下问题。

(1)较少研究考虑多层级储备库之间的应急物资调度机制,大部分聚焦于单层级储备库[172]。因此,本章构建了考虑不同调度机制的多层级储备库应急物资区域调度模型,通过统计、分析和归纳我国大量的救灾案例,并结合以往学者对多层级储备库物资调度的相关研究[173, 174],同时与应急管理部应急指挥中心、救灾和物资保障司专家进行电话问询等调研方式,总结出了政府面对区域性灾害主要采用的三种应急物资区域调度策略,分别是严格行政层级的物资调度策略、跨行政层级的物资调度策略和自由就近的物资调度策略。表 9.1 进一步解释了三种调度策略,并展示了不同物资调度策略在我国灾害救援中的实际案例和文献支撑。

表 9.1　我国现实灾害救援中采取的物资调度策略

策略类型	策略说明	对应现实案例	相关文献支撑
严格行政层级的物资调度策略	严格遵从行政管辖制度进行应急物资调度	湖北省在 2020 年新冠疫情中，医用防护物资由省级储备库依次调拨到 17 个地级市，再由地级市调拨到县级，最后分配到乡镇；《四川省突发事件应对办法》提出县级人民政府对本行政区域内突发事件应对工作负责，这也强调了行政关系在应急响应中的优先性	张得志等[175]在考虑应急物资按照行政覆盖关系进行层级调度的基础上建立了应急设施多级协同选址优化模型
跨行政层级的物资调度策略	当储备库库存不足时，可以通过更上级库存充足的储备库进行跨级物资调度	在 2022 年四川泸定地震中，政府从省级储备库跨级调配 3.2 万件救灾物资支援甘孜州泸定县灾区；在 2023 年河北涿州汛灾中，河北省应急管理厅持续跨级调拨应急物资至涿州市码头镇等受灾地区	蔡冬雪等[173]基于云南省地震情境研究发现应急装备从高级别储备点跨级运输至需求点可以更快速地响应大规模应急需求
自由就近的物资调度策略	需求点的应急需求可以由距离最近且库存充足的任意储备库分批供应	宣城市和无锡市实现应急救灾物资区域联动；闽浙赣毗连地区（浙江省龙泉市、江山市，江西省广丰区，福建省浦城县）建立防灾减灾救灾联防联控协同机制	国外学者 Arora 等[174]和国内学者付德强等[176]均提及区县之间的应急物资救助更受益于区域资源的相互协调

（2）现有文献大多采用传统的分析方法，难以对大规模、多层级、多参与者的应急调度模型进行求解。Besiou 和 Van Wassenhove[177]提出了数学优化模型在研究复杂系统时的局限性，并指出可以采用包含仿真在内的多种方法对应急物流系统进行综合性、整体性的研究。因此，本章使用基于 AnyLogic 的多智能体仿真方法，有助于更加清晰地比较和展示模型计算结果[178-180]，填补了当前的研究空白，丰富了相关文献。此外，纵观国内外应急物资调度决策的目标函数，常用的有调度成本最小、调度路径/时间最短以及调度物资量最大等。例如，王妍妍和孙佰清[181]以最小化物资短缺的延迟损失和物资分配总成本为目标建立了多阶段资源调度模型，Chi 等[182]把最小化调度时间作为应急资源调度的时效性评价指标之一。然而，上述目标忽视了灾民痛苦随匮乏时间的非线性、动态变化规律，难以体现应急物流"以人为本"的特点。Holguín-Veras 等[4, 6]提出了以匮乏成本（由缺乏某种物资或服务导致的灾民痛苦感知的估计经济价值）作为决策目标的衡量指标，指出匮乏成本函数是随时间单调递增的非线性凸函数，解决了上述问题，因此得到了广泛的认可与应用，此处不再赘述。因此，本章采取匮乏成本作为应急物资区域调度效果的衡量指标，推动了相关研究的发展。

综上所述，本章的相关研究旨在探究复杂灾害情况下的最优应急物资区域调度策略，为决策者提供理论支持与模型工具。因此，本章建立了以最小化社会物流总成本（物流成本+匮乏成本）为目标函数的应急物资多批次区域调度模型，分析总结了三种调度策略的流程与逻辑,并运用 AnyLogic 软件进行了多智能体仿真,以更为直观和动态地展示三种调度策略的结果。具体地,本章构建了包含 121 个储备库、1409 个乡/镇/街道需求点(以下统称需求点"省-市-县"三级储备网络体系),以常年遭受暴雨、洪涝灾害侵袭严重的安徽省亳州市蒙城县为对象,分析比较了不同灾害场景下三种应急物资区域调度策略的仿真结果。结果表明,在短时间内应急物资需求量巨大的场景下,各级政府下设的储备库可以考虑打破现有的行政管辖关系,积极合作共建区域联防减灾抗灾机制;在短时间内应急物资需求量较小时,各级储备库按照行政管辖关系调度储备库应急物资进行救助即可满足需求。研究发现,应急物流车队管理能力的高低会对灾民承受的痛苦程度造成显著的影响。

本章的相关研究对应急物流的研究与实践做出了如下创新:首先,本章基于我国大量现实灾害救援案例,分析、归纳并比较了三种政府面对区域性灾害常用的应急物资区域调度策略,并使用多智能体仿真建模的方法实现对多级储备库、多需求点、多批次运输的应急物资区域调度问题进行求解,弥补了传统数学模型对大规模算例难以求解的缺陷;其次,本章在目标函数的构建中采用匮乏成本函数,对灾民等待物资时产生的痛苦进行量化,是国家提出的"大安全大应急"中"以人为本"思想在运作层面的具体体现,同时也是匮乏理论这一应急物流研究前沿在多智能体仿真中的首次结合运用;最后,本章基于 AnyLogic 软件实现了以省为单位的"省-市-县"三级物资储备体系下的应急物资区域调度仿真,该仿真系统模型从全新的视角对应急物资调度策略进行评估,可以直接辅助决策者进行应急指挥,也为相关领域的研究提供了新的思路。

第二节 基于多智能体的应急物流优化模型构建

一、模型构建

本节考虑一个具有 n 个储备库(包含多种层级的储备库)和 m 个需求点的应急物资区域调度问题。储备库的应急物资储备量设为 V_k,需求点的物资需求量设为 D_i,各需求点到各储备库的距离和时间分别为 d_{ik} 和 t_{ik}。为了更加符合现实情况,本节设计了多批次的应急物资运输,即储备库分批向需求点运输 q 单位的应急物资,其中需求点 i 收到应急物资的总批次数为 l_i,当其收到第 j_i 批次应急物资时等待时间为 t_{j_i},该批物资的运输距离是 d_{j_i},单位运输成本为 c。综上,需要解决的问题是在现有多层级的储备库网络体系下,如何安排物资的区域调度策略使灾害救援的社会物流总成本(物流成本和匮乏成本之和)达到最小。

为了解决上述问题,本节做出了如下假设:①应急物资的总储备量可以满足受灾地区的全部需求；②灾民等待应急物资的时间不超过最大匮乏时间，即没有灾民因缺乏物资而在灾难中丧生；③本节主要考虑应急物资从储备库到需求点的调度策略问题，对需求点内的物资分发问题不展开讨论。基于上述研究背景，可以建立一般性多储备库多需求点的多批次应急物资调度模型，表 9.2 是模型中的参数符号介绍。

表 9.2 模型中的参数符号介绍

符号	符号含义
i	需求点的数目，$i=1,2,\cdots,m$
k	储备库的数目，$k=1,2,\cdots,n$
j_i	需求点 i 收到的应急物资运输批次，$j_i=1,2,\cdots,l_i$
V_k	储备库 k 的应急物资储备量
D_i	需求点 i 的应急物资需求量
t_{j_i}	需求点 i 第 j_i 批次应急物资的等待时间
d_{j_i}	需求点 i 第 j_i 批次应急物资的运输距离
c	应急物资的单位运输成本
q	单位批次应急物资运输量
φ	每个灾民的应急物资平均需求量
T	最大匮乏时间
DC(t)	灾民等待物资 t 时间后产生的匮乏成本
LC(d)	运输距离为 d 时的运输成本
SC	社会物流总成本函数

$$\min \text{SC} = \text{DC}_{\text{sum}} + \text{LC}_{\text{sum}} \tag{9.1}$$

$$\text{DC}_{\text{sum}} = \sum_{i=1}^{m}\left(\sum_{j_i=1}^{l_i-1}\frac{q}{\varphi}\text{DC}(t_{j_i}) + \frac{D_i - q(l_i-1)}{\varphi}\text{DC}(t_{l_i})\right) \tag{9.2}$$

$$\text{LC}_{\text{sum}} = \sum_{i=1}^{m}\left(\sum_{j_i=1}^{l_i-1}cqd_{j_i} + c(D_i - q(l_i-1))d_{l_i}\right) \tag{9.3}$$

$$\text{s.t.} \quad t_{1_i} < t_{2_i} < t_{3_i} < \cdots < t_{l_i} \leqslant T \tag{9.4}$$

$$\sum_{i=1}^{m}D_i \leqslant \sum_{k=1}^{n}V_k \tag{9.5}$$

$$q(l_i-1) < D_i \leqslant ql_i \tag{9.6}$$

$$i,j,k,m,n,l_i = 1,2,3\cdots \tag{9.7}$$

$$q,T,V_k,D_i,t_{j_i},d_{j_i},\varphi,c > 0 \tag{9.8}$$

式（9.1）是模型的目标函数，即最小化社会物流总成本。式（9.2）、式（9.3）是模型中的匮乏成本函数和运输成本函数的表达式，计算的是各批次应急物资的匮乏成本和运输成本的累加值。式（9.4）~式（9.8）是模型的约束条件，其中式（9.4）确保灾民不会因为应急物资供应不足而死亡；式（9.5）保证应急物资的总储备量可以满足受灾地区的全部需求；式（9.6）表示任一需求点收到的应急物资总量不得超过其总需求；式（9.7）、式（9.8）为整数性和正则性约束。

可以发现，当需求点和储备库的数量足够大时，由于需要考虑多批次物资运输，不同需求点接收不同批次应急物资的时间各不相同，且匮乏成本等函数是非线性的，导致计算量巨大，难以用传统的求解器进行求解。因此本章尝试通过设计逻辑算法、建立仿真系统模型，对上述问题进行推演分析。

二、多智能体逻辑设计

本章研究使用的方法框架如图 9.1 所示，首先需要对空间数据进行预处理，确定储备库和需求点分布以及相关路网信息，并基于以上信息构建多智能体仿真模型。通过仿真分析，可以生成不同策略下应急物资区域调度模拟结果，用以评估应急物资区域调度效果和成本。其中，多智能体主要包括以下几种。

（1）需求智能体。该智能体代表应急物资需求点，其按照决策者选择的调度策略分批向对应储备库进行物资请求。

（2）供应智能体。该智能体代表多层级的应急物资储备库，以响应需求点提出的物资请求并进行物资调度。需要注意的是，储备库应在每批应急物资调度后进行库存检查，当储备库库存低于其安全库存时，需要按照既定的调度策略从其他储备库请求物资；若当前库存无法满足对应需求点的物资请求，则暂停对需求点的物资供应，直到库存恢复。

（3）策略智能体。该智能体代表现实灾害救援中常用的三种物资调度策略，其衔接供应智能体和需求智能体，确保应急物资的有效供应。本模型中策略智能体包括严格行政层级、跨行政层级和自由就近的策略。

（4）运输智能体。该智能体指代的是应急物资的运输方式，本章指通过卡车进行的公路运输，其中具体的路网信息均来源于高德开发平台提供的实际数据。

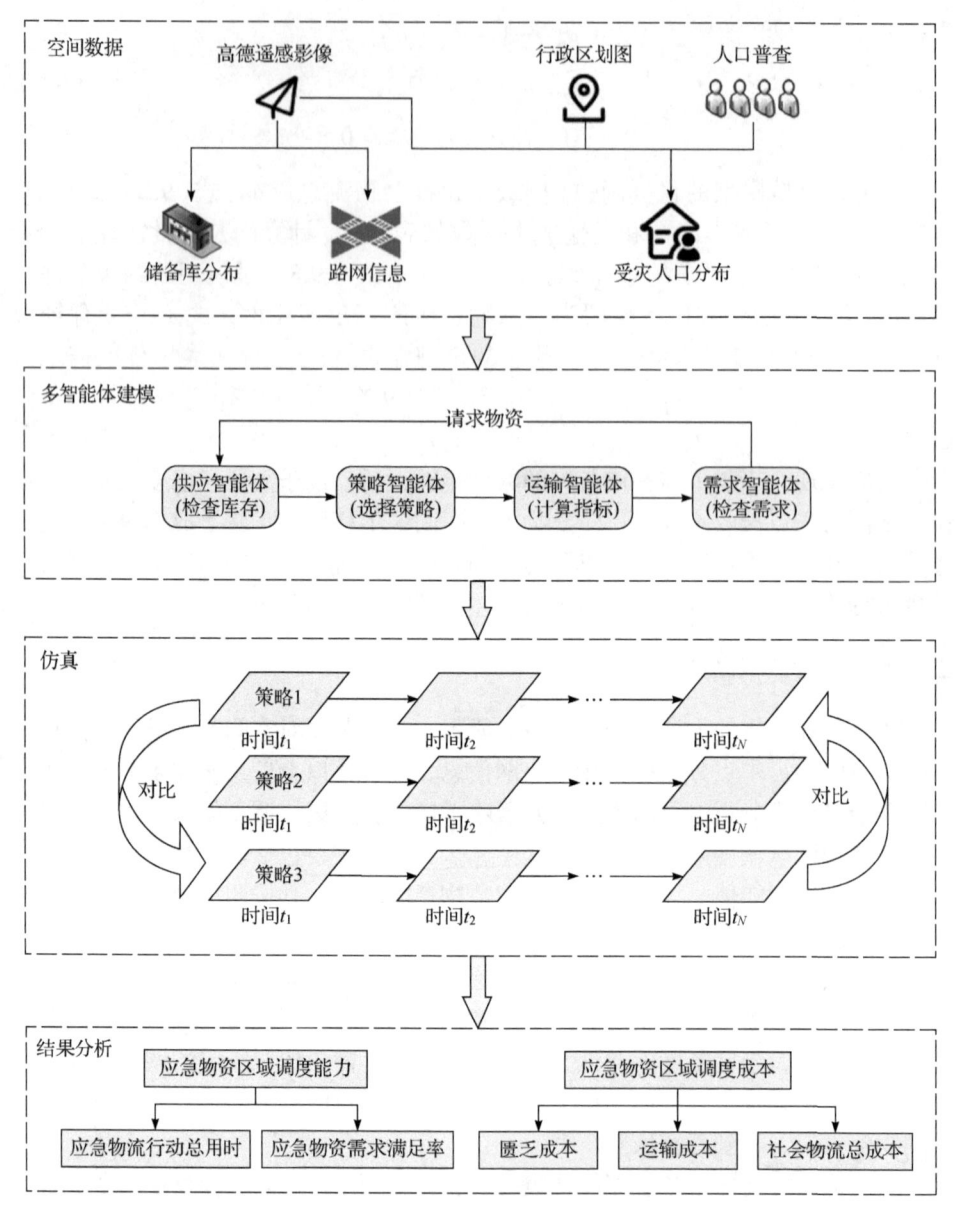

图 9.1　基于 AnyLogic 仿真方法的框架

第三节　应急物资区域调度策略设计

当自然灾害发生时，往往会产生多个受灾地区。因此，在进行应急物资区域调度决策时，需要选择合适的调度策略以减轻灾民的痛苦。本节从我国实际情况出发，总结了三种调度策略，具体论述如下。

一、严格行政层级的物资调度策略

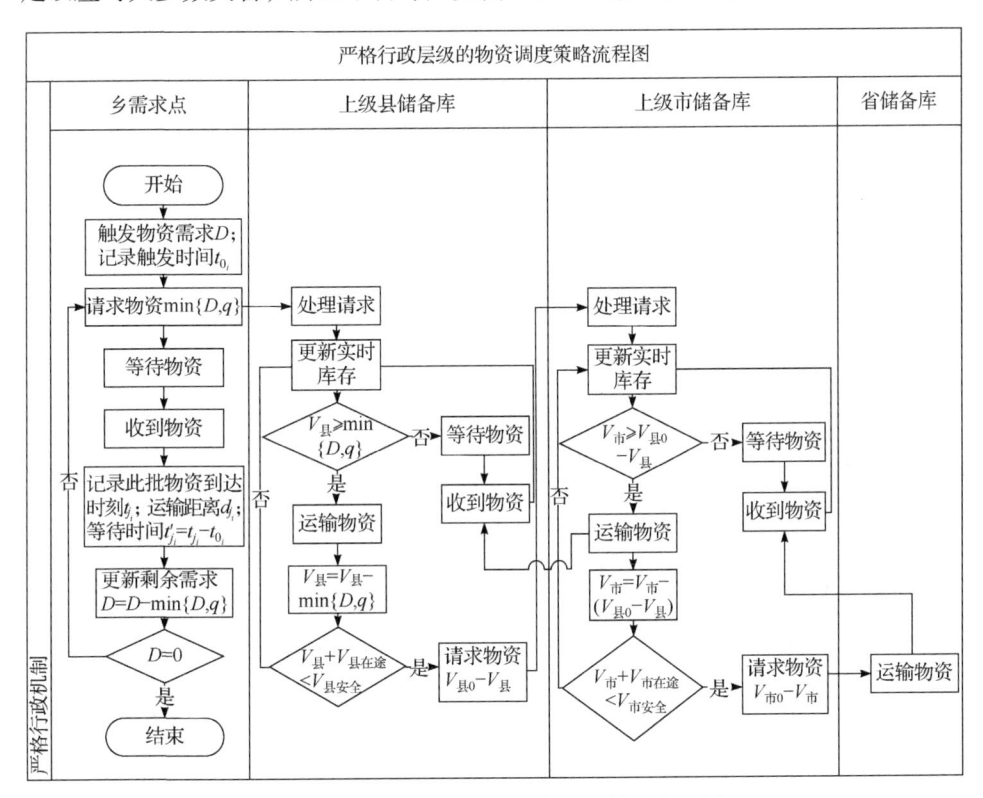

严格行政层级的物资调度策略要求决策者严格遵从"省-市-县"的行政管辖制度进行应急物资调度，需求点的应急需求只能由其所在的县级储备库分批供应。图9.2是严格行政层级的物资调度策略流程图，其中$V_{县}$、$V_{市}$代表县市两级储备库的当前物资量，$V_{县0}$、$V_{市0}$代表储备库的初始物资量，$V_{县安全}$、$V_{市安全}$代表储备库的安全库存量，$V_{县在途}$、$V_{市在途}$代表各自储备库进行物资请求后由上级储备库向其供应但未到达的物资量。结合国内现实情况，本章假设省级储备库库存充足，足以应对大多数灾害，所以不再考虑更高层级的物资储备库。

图9.2 严格行政层级的物资调度策略流程图

二、跨行政层级的物资调度策略

跨行政层级的物资调度策略在各级储备库库存充足时与严格行政层级的物资调度策略保持一致，但当储备库库存不足时，该策略还可以通过更上级库存充足的储备库进行跨级物资调度。图9.3是跨行政层级的物资调度策略流程图。

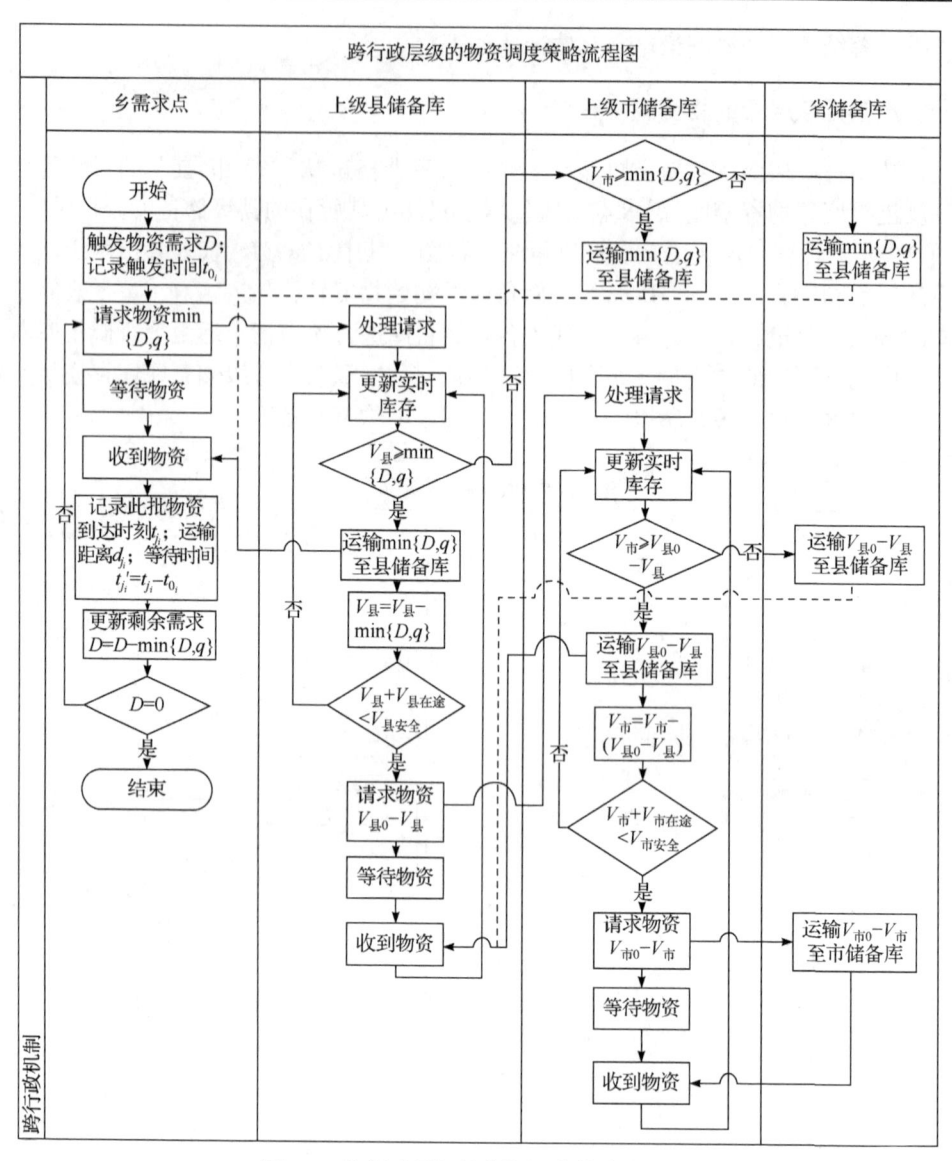

图 9.3　跨行政层级的物资调度策略流程图
图中虚线代表跨级物资调度

三、自由就近的物资调度策略

自由就近的物资调度策略需要政府间具有较为紧密的合作。该策略指的是在不考虑行政管辖的基础上进行应急物资调度，需求点的应急需求可以由距离最近且库存充足的任意储备库分批供应。例如，如果县储备库物资不足，需求点的应急物资可以由邻近的其他县储备库、市储备库或者省储备库进行供应。自由就近的物资调度策略流程图如图 9.4 所示。

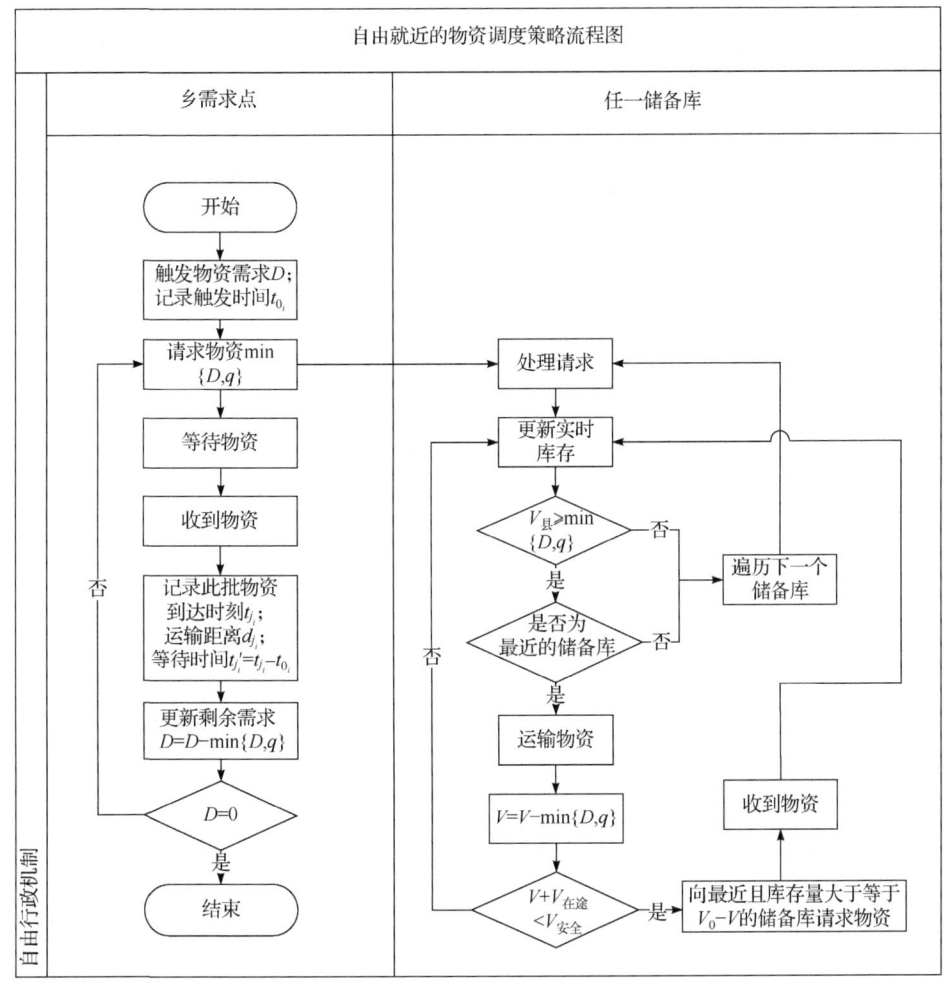

图 9.4　自由就近的物资调度策略流程图

第四节　仿真系统设计

安徽省地处我国中部，其大部分地区属于长江、淮河流域，频发的水灾给安徽省造成了巨大的经济损失。因此，本节以安徽省应急物资区域调度为例，采用饮用水作为研究对象，建立了"省-市-县"三级应急储备网络仿真系统模型。

首先，进行策略选择和参数设置，选择严格行政层级、跨行政层级或者自由就近的物资调度策略，同时设置车队规模和车队准备时间；其次，确定灾害发生位置和影响范围,可以根据需求选择安徽省任一地区并按照经度从左或右、纬度从上或下四种方向进行仿真分析;再次,设置各需求点请求应急物资的时间间隔,默认各需求点初始时刻同时请求物资;最后,进行区域应急物资调度仿真并实时统计匮乏成本 DC、物流成本 LC 以及社会物流总成本 SC 等数据。

基于上述流程,可以设计并构建相应的仿真系统,通过比较三种不同区域物资调度策略的效果与成本,阐明不同情境下的最优调度策略选择,为决策者提供科学建议。

一、数据准备

(一)需求

本章所使用的数据库中包含安徽省乡镇级政府和街道办事处共计 1409 个经纬度信息作为需求点的仿真位置信息,每个需求点的应急物资需求量=地区人口×人均饮用水需求量,其中人口信息来源于第七次全国人口普查数据,物资需求标准来源于 *The Sphere Handbook: Humanitarian Charter and Minimum Standards in Humanitarian Response* 图书。

(二)供应

本章所使用的数据库中包含以下储备库信息:以安徽省政府的经纬度信息作为省级储备库的仿真位置信息,假设省级储备库的物资储备量足够满足全省总需求;以合肥市、芜湖市、蚌埠市等 16 个地级市政府经纬度信息作为市级储备库的仿真位置信息,假设市级储备库的饮用水储备为 150 万升;以包河区、肥东县、肥西县等 104 个县(区)级政府经纬度信息作为县级储备库的仿真位置信息,县级储备库的饮用水储备均为 50 万升。

(三)运输

本章采用基于卡车的公路运输方式,各储备库到各需求点的时间和距离均使用高德地图中实际的路网信息,数据库中共包含 366 690 条数据信息。假设单位距离运价 c 为 9.0 元/(t·km),取值来源于作者团队对货运市场的调研。假设每批次车队运输量为 5 万升,车队准备时间(批次间隔时间)为 60min。

二、绩效指标

本章使用的绩效指标包括匮乏成本、运输成本、社会物流总成本、应急物流行动总用时和应急物资需求满足率,这五个指标从多个角度实现了对应急物资调度策略的评估。

（一）匮乏成本

应急物流的核心是尽可能减少灾民因缺乏物资所造成的痛苦，Holguín-Veras 等[4,6]提出的匮乏成本理论得到了学术界的广泛认可。针对不同地区的灾害场景、不同的应急物资下测量的匮乏成本函数可能存在一定的差异，但根据 Holguín-Veras 等[4,6]的研究，在满足匮乏成本函数非线性递增凸函数的性质后，参数的差异对调度问题的优化结果影响不大。因此，本章直接采用 Holguín-Veras 等[22]的饮用水匮乏成本函数为 $DC = 0.2869e^{0.0998t}$，其中 t 为匮乏时间，并且假设灾民断水后经过 6h 才会开始因缺乏饮用水而产生相应的痛苦。

（二）运输成本

尽管应急物流的核心目标是减少灾民的痛苦，但运输成本也是决策者不可或缺的考虑因素。本章的运输成本构成包括但不限于油耗、通行费、驾驶员薪酬、车辆折旧、轮胎损耗和保险税费等。

（三）社会物流总成本

Holguín-Veras 等[4,6,22]认为灾后应急物流需要同时考虑物流成本和匮乏成本，即采用社会物流总成本作为应急物流模型的优化目标，这一观点也被越来越多的学者接受。因此，本章采用社会物流总成本作为调度策略的绩效指标之一，各需求点的社会物流总成本为运输成本和匮乏成本之和。

（四）应急物流行动总用时

在灾害救援中需要尽可能减少人员伤亡，同时保障灾民在最大匮乏时间内收到足够的应急物资。因此，本章采用完全满足需求的应急物流行动总用时作为绩效指标之一。

（五）应急物资需求满足率

《国家防灾减灾救灾委员会办公室关于进一步加强应急抢险救灾物资保障体系和能力建设的指导意见》中提出灾害发生 10h 之内受灾群众基本生活需要得到有效保障，因此本章采用灾害发生 10h 后各需求点应急物资需求满足率来评估应急救援行动的效果。Q_i^{10} 代表需求点 i 在 10h 后收到的物资量，该参数为仿真系统中的内生参量，各需求点 10h 应急物资需求满足率的计算公式如下：

$$\mathrm{mzl}_i = \frac{Q_i^{10}}{D_i} \times 100\% \tag{9.9}$$

第五节 仿真结果分析

一、不同调度策略下的绩效指标对比分析

在自定义仿真受灾地区选择中，本章选取安徽省亳州市蒙城县进行区域物资调度策略仿真分析，该县位于淮河主要支流涡河的中游，且城关北部建有涡河蒙城闸枢纽用于泄洪，属于洪涝灾害的多发地区。蒙城县内一共有 17 个乡镇和街道需求点，分别是城关街道、漆园街道、王集乡、板桥集镇、楚村镇、乐土镇、篱笆镇、立仓镇、马集镇、三义镇、双涧镇、坛城镇、小涧镇、小辛集乡、许疃镇、岳坊镇、庄周街道。表 9.3 统计了三种机制下各需求点的仿真结果，可以看出，无论是何种机制，需求量越大的需求点在灾害救援中的匮乏成本、运输成本和社会物流总成本均越大，其需求得到全部满足的总耗时也越长。

表 9.3 蒙城县需求点在不同策略下的仿真结果

需求点	需求量/万升	严格行政层级的物资调度策略				跨行政层级的物资调度策略				自由就近的物资调度策略			
		总耗时/h	DC/万元	LC/万元	SC/万元	总耗时/h	DC/万元	LC/万元	SC/万元	总耗时/h	DC/万元	LC/万元	SC/万元
板桥集镇	25	25.85	50.91	3.65	54.56	13.34	22.31	26.94	49.25	9.34	17.13	7.76	24.89
城关街道	32	21.82	46.71	0.22	46.93	14.00	27.98	24.97	52.95	9.81	21.70	5.13	26.83
楚村镇	33	33.79	140.83	7.87	148.70	18.28	36.29	35.13	71.42	12.82	25.90	12.14	38.04
乐土镇	33	36.59	168.59	4.37	172.96	14.29	29.44	22.54	51.98	11.33	24.40	8.92	33.32
篱笆镇	21	32.29	66.16	6.76	72.92	13.62	17.03	25.37	42.40	9.09	13.70	7.57	21.27
立仓镇	36	38.77	219.14	11.62	230.76	21.06	47.32	37.87	85.19	15.74	32.35	13.75	46.10
马集镇	21	30.99	61.65	4.95	66.60	11.83	15.86	20.33	36.19	10.03	14.16	11.43	25.59
漆园街道	18	19.02	24.77	0.49	25.26	8.37	12.07	13.74	25.81	6.70	11.31	4.68	15.99
三义镇	25	32.07	95.27	5.63	100.90	13.51	21.32	27.98	49.30	8.97	16.94	6.70	23.64
双涧镇	28	31.90	83.83	4.73	88.56	14.32	24.97	26.95	51.92	12.38	22.16	14.34	36.50
坛城镇	24	31.97	78.12	4.48	82.60	13.86	21.68	23.17	44.85	9.93	16.96	8.72	25.68
王集乡	24	28.92	53.07	3.87	56.94	13.21	19.97	25.85	45.82	8.75	16.10	8.17	24.27
小涧镇	18	25.89	31.94	2.51	34.45	8.71	12.16	13.80	25.96	6.99	11.37	5.34	16.71
小辛集乡	27	30.11	84.42	2.82	87.24	13.96	22.92	25.41	48.33	9.97	18.62	7.12	25.74
许疃镇	23	29.06	56.21	5.41	61.62	13.87	20.26	26.15	46.41	9.81	15.89	7.63	23.52
岳坊镇	20	25.87	40.90	3.04	43.94	9.27	13.61	19.02	32.63	7.30	12.84	8.54	21.38
庄周街道	17	17.93	18.26	0.65	18.91	10.87	12.69	24.66	37.35	5.93	10.55	3.32	13.87

为了进一步对比三种物资调度策略的救灾效果，图 9.5 展示了三种策略下各需求点匮乏成本和运输成本的分布情况。从图 9.5 中可以看出，对于绝大多数需求点，严格行政层级策略下其匮乏成本最高、运输成本最低，这是由于在该策略下，需求点的应急物资只能由上级县储备库提供，可能出现储备库库存不足而等待物资，导致匮乏时间上升的情况。与之相比，跨行政层级策略解决了因等待物资而造成的匮乏成本过高的问题，但因市级或省级储备库距离乡需求点较远，导致产生更多的运输成本。而自由就近策略则解决了上述两种问题，因此在该策略下，绝大多数需求点都具有较低的匮乏成本和运输成本。这种对比在需求量较大的立仓镇和楚村镇中尤为显著。

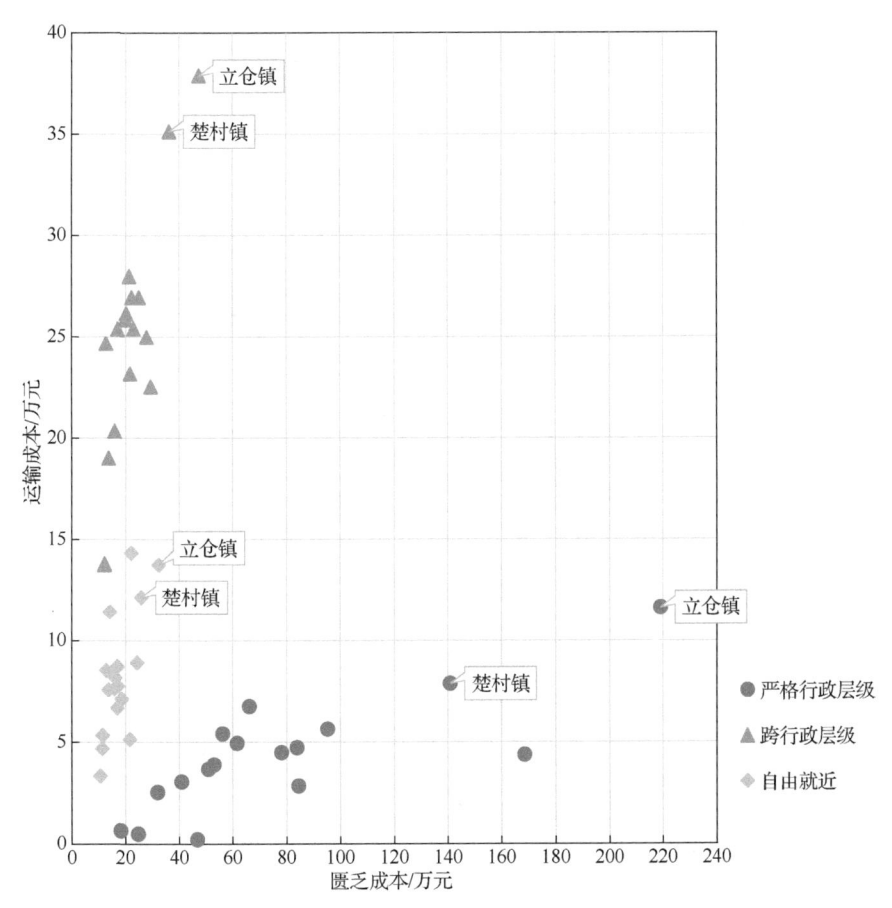

图 9.5　三种物资调度策略仿真结果散点图

图 9.6 和图 9.7 展示了三种调度策略下应急物流行动总用时和 10h 下应急物资需求满足率。总体而言，自由就近调度策略的效果优于其他两种策略，但对于需求量较少的需求点如小涧镇和漆园街道，三种策略下各个绩效指标的差距相对较

小。考虑到现实生活中自由就近策略需要多方协调，容易造成混乱，因此在差距不大的情况下，可以考虑选择跨行政层级甚至严格行政层级的调度策略。

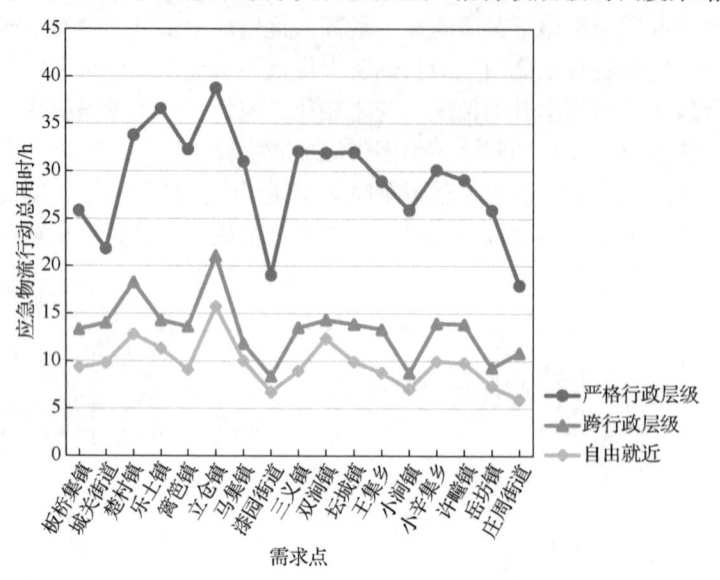

图 9.6 不同策略下应急物流行动总用时对比

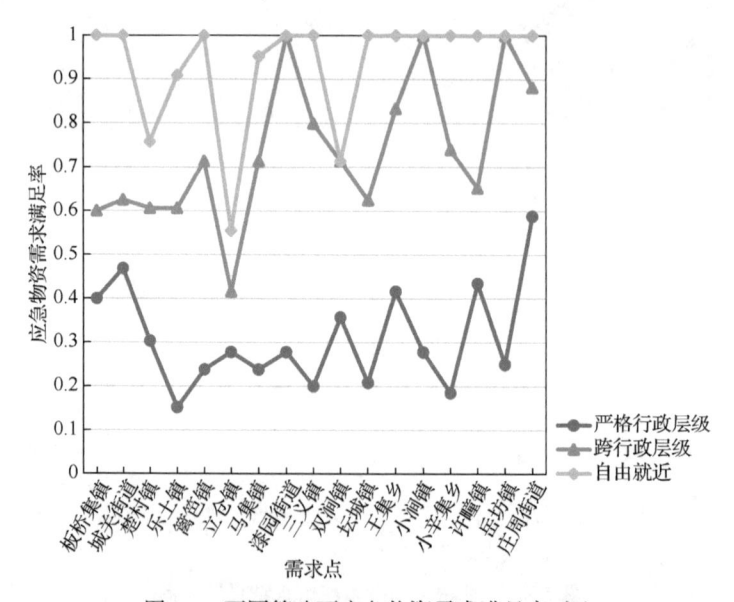

图 9.7 不同策略下应急物资需求满足率对比

二、敏感度分析

在实际区域物资调度中，车队运输规模、准备时间以及各需求点初次请求物资时间都会对灾害救援的实际效果产生举足轻重的影响。因此，基于上述仿真结果，本节针对车队运输规模 q、车队准备时间 t_1 和各需求点初次请求应急物资时间间隔 t_2 进行敏感度分析。

图 9.8 展示了车队运输规模对仿真结果的影响。在同一机制下，车队运输规模较小时，运输批次增加，导致需求量越大的需求点匮乏成本的增量越大，这点在应急物资需求量较大的需求点尤为突出。例如，在严格行政层级调度策略下，立仓镇在车队运输规模为 10 万升时匮乏成本为 111.51 万元，但当车队运输规模降到 2 万升时，匮乏成本迅速上升至 560.78 万元。

图 9.9 展示了车队准备时间对仿真结果的影响。可以发现，无论是何种机制，车队准备时间越短，需求点的匮乏成本越低。同时可以看到，车队准备时间的变化对严格行政层级的物资调度策略影响较大，而对另外两种策略影响较小。

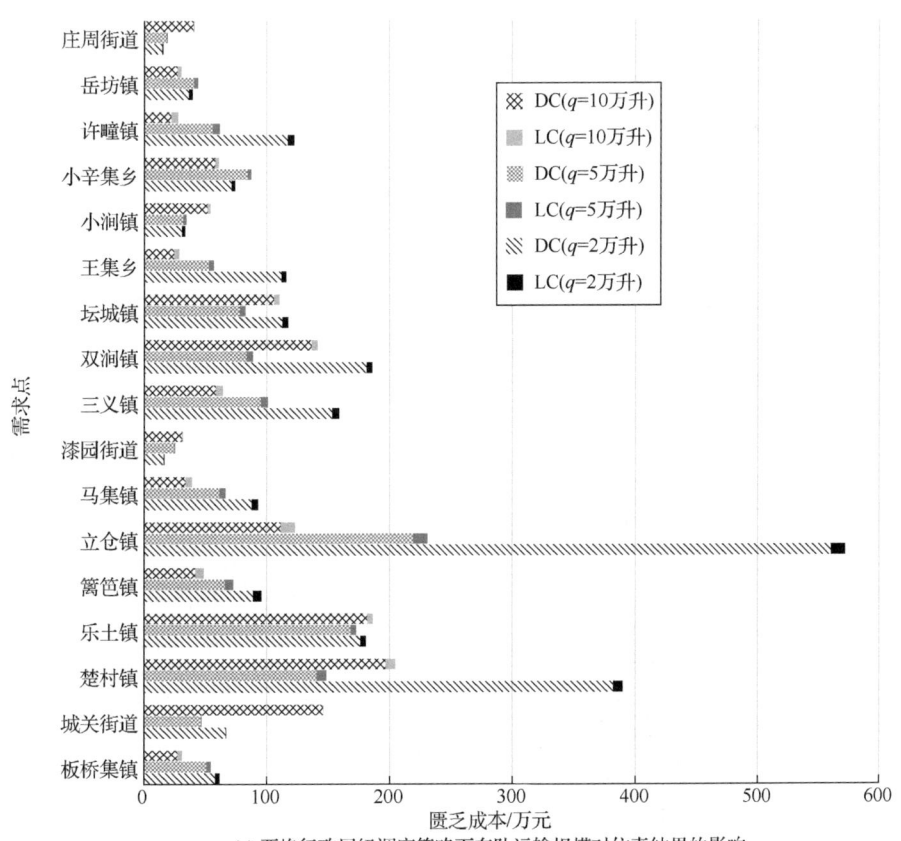

(a) 严格行政层级调度策略下车队运输规模对仿真结果的影响

(b) 跨行政层级调度策略下车队运输规模对仿真结果的影响

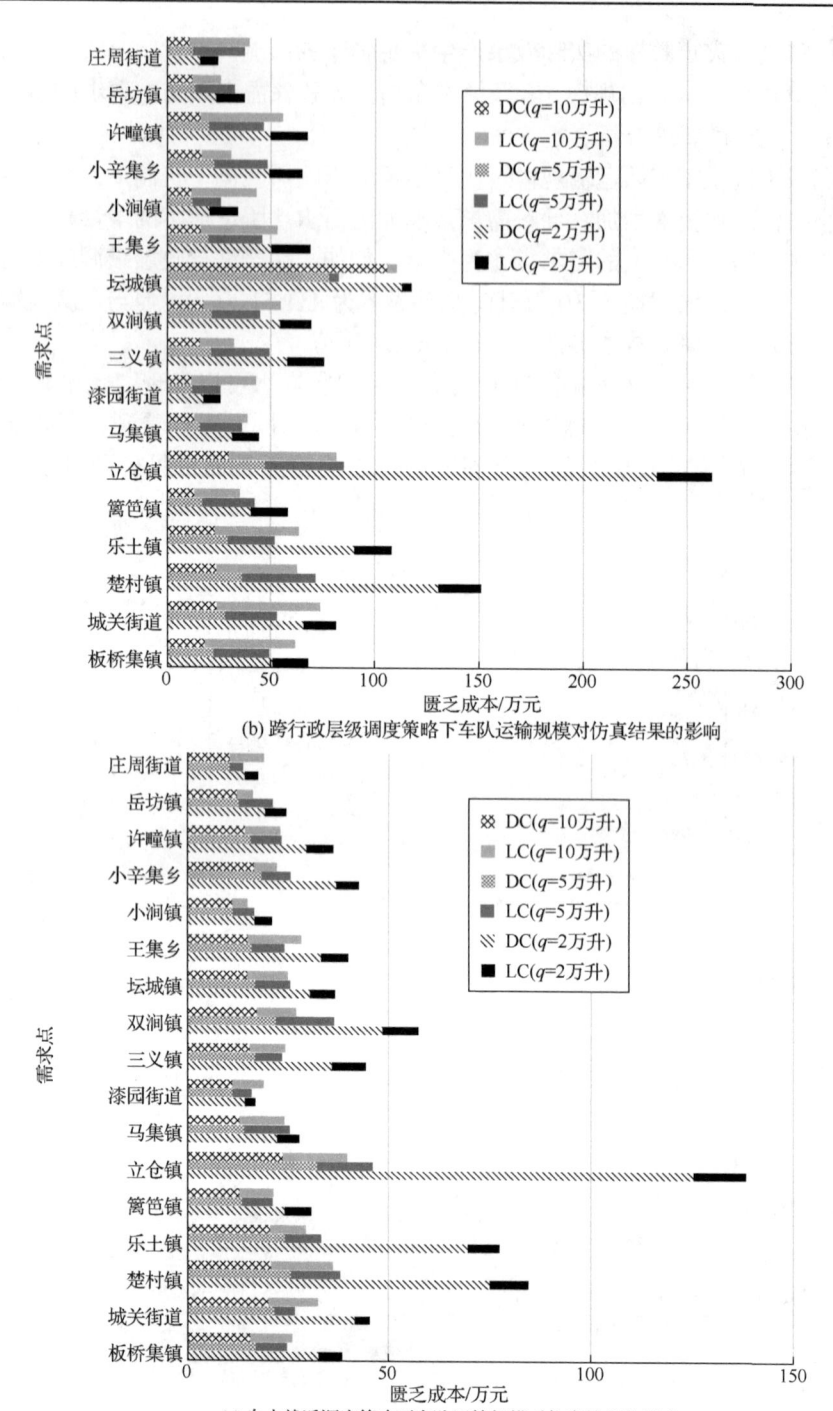

(c) 自由就近调度策略下车队运输规模对仿真结果的影响

图 9.8 车队运输规模对仿真结果的影响

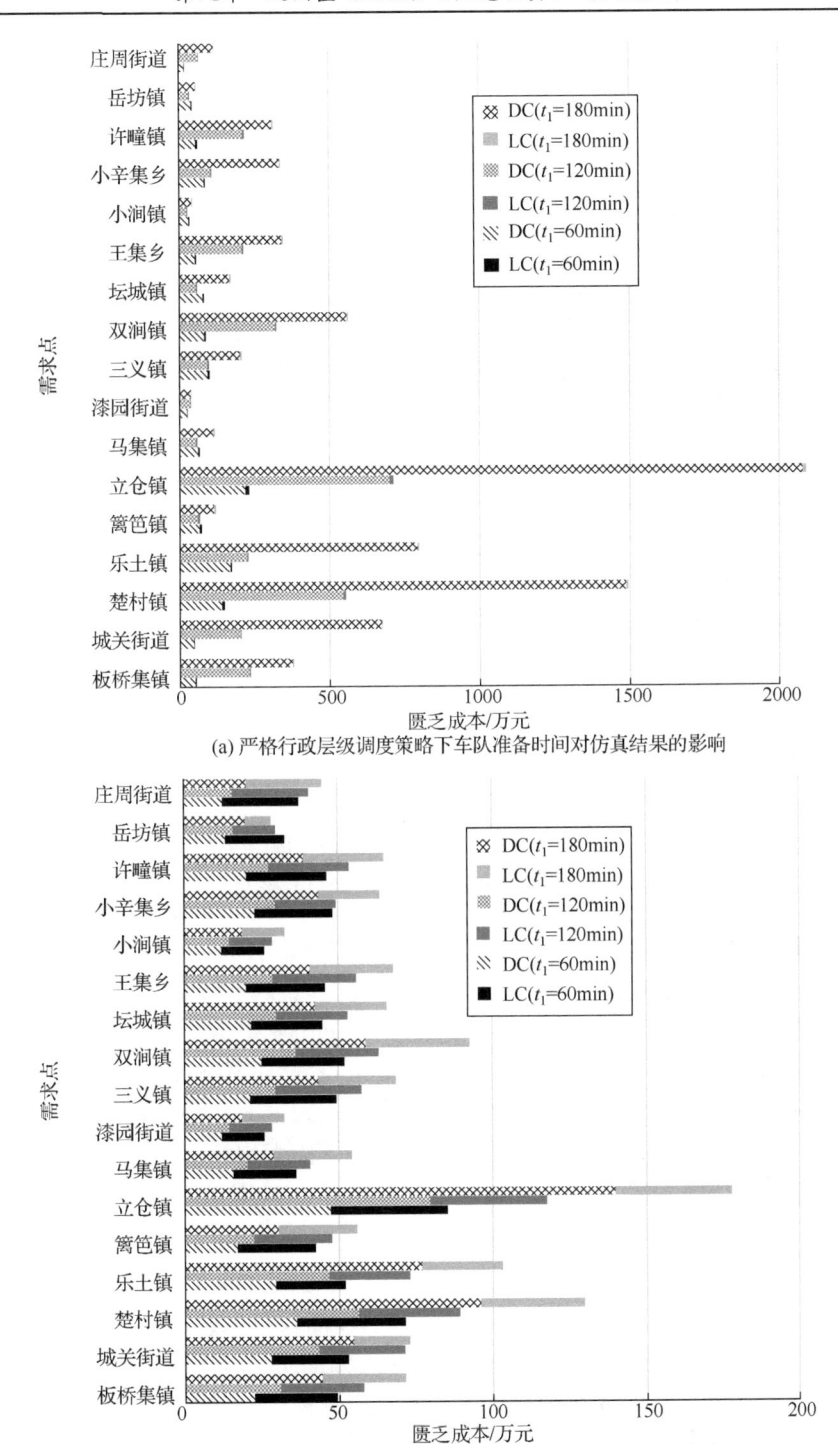

(a) 严格行政层级调度策略下车队准备时间对仿真结果的影响

(b) 跨行政层级调度策略下车队准备时间对仿真结果的影响

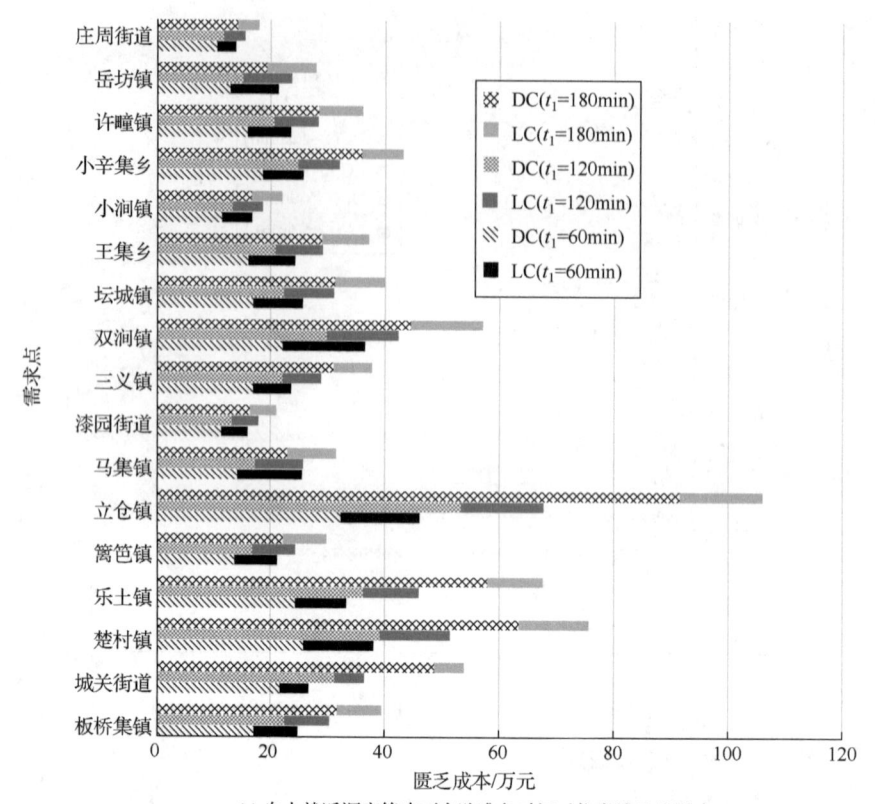

(c) 自由就近调度策略下车队准备时间对仿真结果的影响

图 9.9 车队准备时间对仿真结果的影响

图 9.10 展示了各需求点初次请求物资的时间间隔对仿真结果的影响。需要指出的是，时间间隔越小代表短时间内请求物资的需求点数量越多，这意味着该地区受灾程度越严重，导致短时间内总体物资供应负担越大。从图 9.10 中可以看出，随着时间间隔的增大，三种机制下绝大多数需求点的社会物流总成本都在降低，这是因为各需求点可以错峰请求物资供应，在一定程度上避免了储备库出现库存不足的情况。在时间间隔较大时，三种策略的匮乏成本相差不大，跨行政层级和自由就近策略反而会产生更高的运输成本，从而导致更高的社会物流总成本。

三、结果分析与讨论

综合上述仿真对比分析，可以得到以下的管理启示。

（1）当灾害严重程度较低时，各需求点可以错峰请求物资，短时间内区域总体物资需求量较小，此时为常规型灾害，不同应急物资调度策略之间的各项指标差别不大。在这种情况下，政府可以考虑严格行政层级或跨行政层级的应急物资

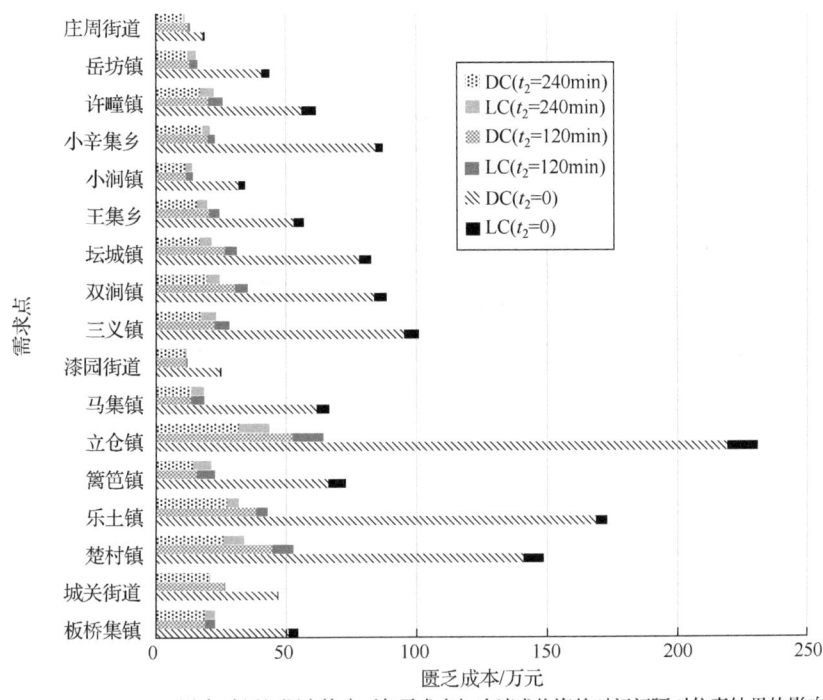

(a) 严格行政层级调度策略下各需求点初次请求物资的时间间隔对仿真结果的影响

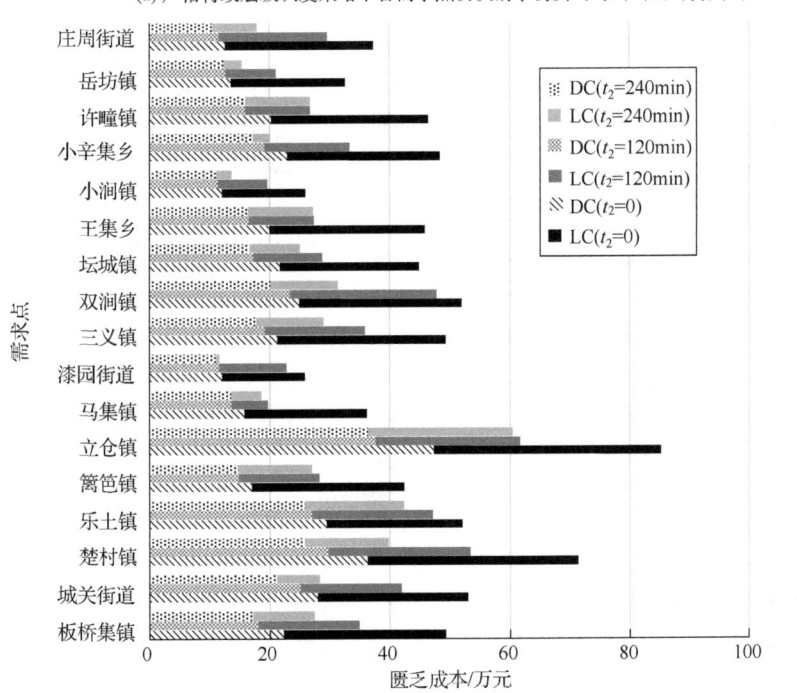

(b) 跨行政层级调度策略下各需求点初次请求物资的时间间隔对仿真结果的影响

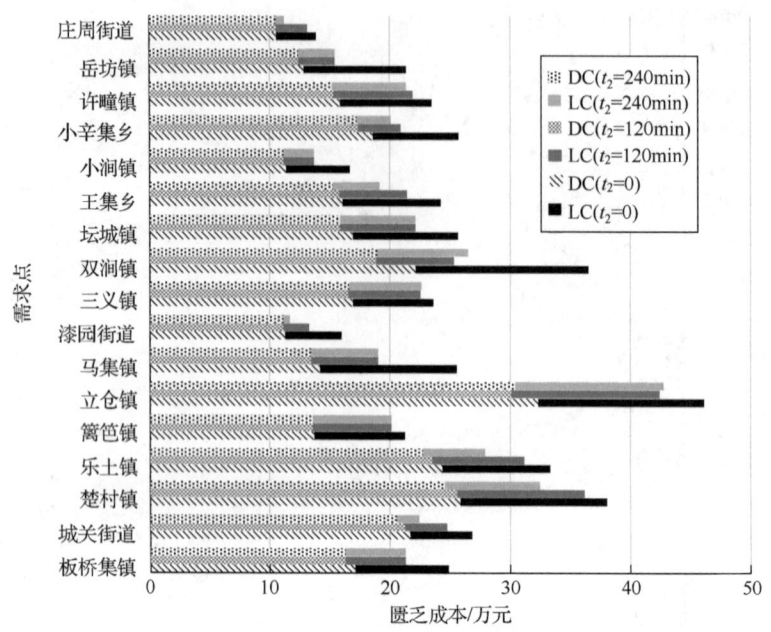

(c) 自由就近调度策略下各需求点初次请求物资的时间间隔对仿真结果的影响

图 9.10　各需求点初次请求物资的时间间隔对仿真结果的影响

调度策略，以避免自由就近策略在实施过程中可能产生的管理混乱的情况。

（2）当灾害严重程度较高时，短时间内可能有许多需求点同时请求应急物资供应，造成区域总体物资需求量较大，此时为特重大灾害。考虑应急救援应尽可能减少灾民痛苦，政府应该优先选用自由就近的策略进行物资调度，这样既可以避免因采用严格行政层级的调度策略而导致激增的匮乏成本，又避免因采用跨行政层级策略而带来过高的运输成本。因此，在面对可能发生的特重大灾害时，各级政府在备灾过程中需要积极与周围其他政府协同合作，打破传统行政管辖关系，建立协同配合的防灾减灾救灾格局，以期提高自身应急服务能力。

（3）除此之外，各级政府同时需要重视车队管理，例如，缩短车队准备时间、提高车队运输规模均可以有效减轻灾民在等待应急物资的过程中产生的痛苦。

第六节　本 章 小 结

本章运用多智能体仿真方法，研究了"省-市-县"三级储备库间的物资调度机制，并建立了以最小化社会物流总成本（物流成本+匮乏成本）为目标函数的应急物资多批次区域调度模型。基于我国实际情况，本章总结归纳出三种应急物资调度策略，并以安徽省亳州市蒙城县为例，通过 AnyLogic 软件进行救灾仿真实验。结果表明，在短时间内区域总体物资需求量较大的情况下，各级政府下设的储备库需要打破传统的行政关系，建立共储共运的物资调运网络来实现更加高效的灾害救援；反之，各级政府下设储备库可以按照现有的行政管辖关系进行应急物资调度。综上所述，本章研究填补了应急物资调度结合多智能体仿真的相关研究空白，为决策者提供了理论支持和模型工具。

未来的研究可以从以下角度展开：首先，仿真系统模型若纳入更高层级储备库进行统筹协调，可能需要考虑混合物资调度策略的效果评估，后续研究可以对混合策略进行更深入的探讨。其次，由于信息传递和协调成本受到政府间合作程度、地区经济发达程度、应急管理信息化程度等多种因素影响，难以简单地在模型中加入该成本进行量化，所以本章暂未考虑各级储备库间的信息传递和协调成本，后续可以对此进行更详细的研究。

第十章 总结与展望

本书主要介绍了匮乏理论在灾害应急管理领域的研究与应用。首先，本书回顾了近年来与匮乏理论相关的研究，指出了匮乏理论的研究基础、研究趋势和研究空白。然后，本书分别介绍了匮乏理论的两个主要衡量指标——匮乏成本和匮乏水平的测量方法，并根据实地调研的数据拟合了相应的匮乏成本、匮乏水平函数。紧接着，本书构建了基于匮乏理论的应急物流决策模型框架，提出了以情境为导向的模型分类方法。最后，本书通过政企合作协议、奖金激励以及选址-路径规划问题详细阐述了匮乏成本和匮乏水平作为目标函数、绩效评价工具的应用。

本书相关内容对灾害应急管理与应急物流领域的研究与发展具有推动作用。首先，本书系统性地介绍了匮乏理论，作为灾害应急管理领域近些年提出并不断发展的理论，匮乏理论具有较高的研究潜力和应用前景，但相关研究较为分散，绝大多数停留在简单应用的层面，不利于理论的创新与进步。本书旨在进一步推广、完善该理论，充分发挥其能够刻画灾民痛苦感知与匮乏时间的非线性动态变化关系的特性，真正做到在决策中遵循"以人为本"的原则。然后，本书从情境的角度对现有的应急物流决策模型进行了梳理和分类，并建立了基于匮乏理论的应急物流决策模型框架。相比于传统的从应急物流问题的角度进行分类的方式，应急物流情境强调提取灾害阶段、目标函数、约束条件等决策模型的主要特征，通俗易懂，避免了烦琐、复杂的分类工作，有利于促进匮乏理论在应急物流决策模型中的规范化应用。最后，本书介绍了三个匮乏理论的应用实例，这些实例囊括了灾前灾后应急物流的大多数运作流程（采购、储存、调度、运输），体现了匮乏理论的不同应用方式（目标函数、绩效评价工具），推动了理论与实践的结合，为匮乏理论的进一步实际应用提供了参照，为灾害应急管理、应急物流决策与运作提供了理论支持与模型工具。

在第二章进行匮乏理论综述时，本书已经对匮乏理论目前存在的研究空白以及未来的发展方向进行了阐述。由于本书主要基于作者诸多的研究成果，作为本书的总结与展望，本章将从作者自身研究的角度出发，探讨围绕匮乏理论正在或未来计划进行的研究工作。

一、匮乏成本和匮乏水平的融合与统一

根据图 2.3 的匮乏理论研究思路框架，目前后三部分都已经或多或少进行了部分研究，有的甚至已经较为成熟。然而，关于第一部分匮乏成本与匮乏水平这两种衡量指标的融合与统一，仍然在探索过程中。具体而言，如何尽可能地扬长避短，同时发挥匮乏水平容易测量、不受外界因素过多干扰的稳定特性，以及匮乏成本便于计算和应用的数学特性，是接下来研究希望攻克的难关。从目前已有的研究成果来看，在有具体测量值的情况下，直接拟合两者之间的数学关系并非难事，但是这种关系往往十分不稳定，没有实际意义与价值。因此，仍然需要采用实证和数理统计分析相结合（如定序逻辑回归等）的方法进行进一步的探索。

二、应急物流全流程下匮乏理论的深入应用

本书介绍的匮乏理论的应用实例证明，匮乏理论几乎可以应用于应急物流的任何流程中，因为应急物流的本质目的即为减轻灾民的痛苦，满足灾民的需求，即便是灾前的计划、采购、储备等准备流程，也需要考虑由灾害不确定性导致的物资匮乏、灾民痛苦程度上升的情况。除此以外，匮乏理论所描述的灾民痛苦程度随匮乏时间的非线性变化关系，可能极大地增加了相关建模计算的难度。后续研究希望从物资捐助筛选分析、物资调配运输优先级、物资分配方式以及消耗性物资的重复运输等问题入手，考虑匮乏理论更加深入的应用。例如，应急物资可能采取平均分配或者优先分配的方式，不同分配方式下总体匮乏函数的变化趋势也有所不同，尤其是结合消耗性物资重复运输问题进行考虑时，问题的复杂度会急剧上升。

三、灾害应急管理与人工智能的结合

当前我国应对灾害的应急管理决策主要以群体决策为主，通过分析所遭遇灾害的特征，与历史数据进行比对，结合不同领域专家和决策者的智慧，在有限的时间内提供应对当前灾害的较为有效的策略。然而，受限于决策者的专业领域、个人偏好、信息解读等方面的差异以及紧迫的时间，这种决策模式往往只能注重于寻找"局部最优解"，很难在决策时做出周全的考虑，这也成为目前灾害应急决策亟待突破的瓶颈。近年来，随着信息技术的发展，人工智能在各个领域也逐渐崭露头角，采用智能决策方法解决灾害应急管理问题是大势所趋。在这一背景下，研究上述问题具有重要的实际意义，尤其是运用机器学习方法（强化学习）模拟当前人类应对灾害时的决策流程并减少外界因素的干扰。在这一研究中，匮乏理论可以用在强化学习奖励函数的设定上。具体而言，在强化学习方法的使用过程中，奖励函数的设置是重中之重，为了保证结果的准确性，奖励函数的设置应与灾害应急决策的目标相契合。因此，首先需要构建适用于多灾害场景的应急决策目标体系，在此基础上结合动作-状态空间设置具体的奖励函数，然后设计相应的算法，最后基于部分历史数据进行决策模拟和强化学习。根据本书之前的介绍，

基于匮乏理论，可以做到针对不同的灾害场景选择不同的目标函数，构建对应的目标函数体系。这部分工作的本质是设计一个合理的评判指标，让人工智能"了解"最终想要达成的目标，从而给出一个"参考答案"。

当然，匮乏理论也有进一步完善和改进的空间。其中，最主要的问题还是理论与实践的脱节，尽管距离匮乏成本概念的最初提出已经过去了十多年，匮乏理论也仍然在快速发展，且得到了越来越多的重视，但由于数据收集方式等问题的限制，目前它在实际应急物流运作中仍然较少使用。除此以外，其针对不同人群的异质性也有待进一步研究。因此，需要各位专家学者以及应急物流实践者共同努力，践行"以人为本"的应急救援指导思想，促进和完善匮乏理论的研究发展和实际应用。

参 考 文 献

[1] Van Wassenhove L N. Humanitarian aid logistics: Supply chain management in high gear[J]. Journal of the Operational Research Society, 2006, 57(5): 475-489.
[2] Tomasini R, Van Wassenhove L V. Humanitarian Logistics[M]. London: Palgrave Macmillan, 2009.
[3] 中国物流与采购联合会, 中国物流学会. 中国物流发展报告 2009-2010[R]. 北京: 中国物资出版社, 2010.
[4] Holguín-Veras J, Jaller M, Van Wassenhove L N, et al. On the unique features of post-disaster humanitarian logistics[J]. Journal of Operations Management, 2012, 30(7/8): 494-506.
[5] Kovacs G, Moshtari M. A roadmap for higher research quality in humanitarian operations: A methodological perspective[J]. European Journal of Operational Research, 2019, 276(2): 395-408.
[6] Holguín-Veras J, Pérez N, Jaller M, et al. On the appropriate objective function for post-disaster humanitarian logistics models[J]. Journal of Operations Management, 2013, 31(5): 262-280.
[7] Wang X H, Wang X, Liang L, et al. Estimation of deprivation level functions using a numerical rating scale[J]. Production and Operations Management, 2017, 26(11): 2137-2150.
[8] Fehr E, Schmidt K M. A theory of fairness, competition, and cooperation[J]. The Quarterly Journal of Economics, 1999, 114(3): 817-868.
[9] Narasimhan S, Pirkul H, Schilling D A. Capacitated emergency facility siting with multiple levels of backup[J]. Annals of Operations Research, 1992, 40(1): 323-337.
[10] Gralla E, Goentzel J, Fine C. Assessing trade-offs among multiple objectives for humanitarian aid delivery using expert preferences[J]. Production and Operations Management, 2014, 23(6): 978-989.
[11] Barbarosoğlu G, Arda Y. A two-stage stochastic programming framework for transportation planning in disaster response[J]. Journal of the Operational Research Society, 2004, 55(1): 43-53.
[12] Beraldi P, Bruni M E. A probabilistic model applied to emergency service vehicle location[J]. European Journal of Operational Research, 2009, 196(1): 323-331.
[13] Bozorgi-Amiri A, Jabalameli M S, Mirzapour Al-e-Hashem S M J. A multi-objective robust stochastic programming model for disaster relief logistics under uncertainty[J]. OR Spectrum, 2013, 35(4): 905-933.
[14] Davis L B, Samanlioglu F, Qu X L, et al. Inventory planning and coordination in disaster relief efforts[J]. International Journal of Production Economics, 2013, 141(2): 561-573.
[15] Döyen A, Aras N, Barbarosoğlu G. A two-echelon stochastic facility location model for humanitarian relief logistics[J]. Optimization Letters, 2012, 6(6): 1123-1145.
[16] Mete H O, Zabinsky Z B. Stochastic optimization of medical supply location and distribution in disaster management[J]. International Journal of Production Economics, 2010, 126(1): 76-84.
[17] Tzeng G H, Cheng H J, Huang T D. Multi-objective optimal planning for designing relicf delivery systems[J]. Transportation Research Part E: Logistics and Transportation Review, 2007,

43(6): 673-686.

[18] Görmez N, Köksalan M, Salman F S. Locating disaster response facilities in Istanbul[J]. Journal of the Operational Research Society, 2011, 62(7): 1239-1252.

[19] Huang R B, Kim S, Menezes M B C. Facility location for large-scale emergencies[J]. Annals of Operations Research, 2010, 181(1): 271-286.

[20] Jia H Z, Ordóñez F, Dessouky M. A modeling framework for facility location of medical services for large-scale emergencies[J]. IIE Transactions, 2007, 39(1): 41-55.

[21] Pérez-Rodríguez N, Holguín-Veras J. Inventory-allocation distribution models for postdisaster humanitarian logistics with explicit consideration of deprivation costs[J]. Transportation Science, 2016, 50(4): 1261-1285.

[22] Holguín-Veras J, Amaya-Leal J, Cantillo V, et al. Econometric estimation of deprivation cost functions: A contingent valuation experiment[J]. Journal of Operations Management, 2016, 45(1): 44-56.

[23] Beamon B M, Balcik B. Performance measurement in humanitarian relief chains[J]. International Journal of Public Sector Management, 2008, 21(1): 4-25.

[24] Cantillo V, Serrano I, Macea L F, et al. Discrete choice approach for assessing deprivation cost in humanitarian relief operations[J]. Socio-Economic Planning Sciences, 2018, 63: 33-46.

[25] Macea L F, Amaya J, Cantillo V, et al. Evaluating economic impacts of water deprivation in humanitarian relief distribution using stated choice experiments[J]. International Journal of Disaster Risk Reduction, 2018, 28: 427-438.

[26] Macea L F, Cantillo V, Arellana J. Influence of attitudes and perceptions on deprivation cost functions[J]. Transportation Research Part E: Logistics and Transportation Review, 2018, 112: 125-141.

[27] Delgado-Lindeman M, Arellana J, Cantillo V. Willingness to pay functions for emergency ambulance services[J]. Journal of Choice Modelling, 2019, 30: 28-37.

[28] Amaya J, Serrano I, Cantillo V, et al. Implications of trust, preparedness, risk perceptions, and local context on deprivation costs and disaster relief planning[J]. Socio-Economic Planning Sciences, 2024, 91: 101780.

[29] Pernett S F, Amaya J, Arellana J, et al. Questioning the implication of the utility-maximization assumption for the estimation of deprivation cost functions after disasters[J]. International Journal of Production Economics, 2022, 247: 108435.

[30] Cotes N, Cantillo V. Including deprivation costs in facility location models for humanitarian relief logistics[J]. Socio-Economic Planning Sciences, 2019, 65: 89-100.

[31] Loree N, Aros-Vera F. Points of distribution location and inventory management model for Post-Disaster Humanitarian Logistics[J]. Transportation Research Part E: Logistics and Transportation Review, 2018, 116: 1-24.

[32] Paul J A, Zhang M J. Supply location and transportation planning for hurricanes: A two-stage stochastic programming framework[J]. European Journal of Operational Research, 2019, 274(1): 108-125.

[33] Kelle P, Schneider H, Yi H Z. Decision alternatives between expected cost minimization and

worst case scenario in emergency supply—Second revision[J]. International Journal of Production Economics, 2014, 157: 250-260.
[34] Khayal D, Pradhananga R, Pokharel S, et al. A model for planning locations of temporary distribution facilities for emergency response[J]. Socio-Economic Planning Sciences, 2015, 52: 22-30.
[35] Yáñez Sandivari L, Cortés C E, Rey P A. Integrated risk averse and possibilistic humanitarian logistic model with social costs and material convergence[J]. INFOR: Information Systems and Operational Research, 2023, 61(2): 199-232.
[36] Huang K, Jiang Y P, Yuan Y F, et al. Modeling multiple humanitarian objectives in emergency response to large-scale disasters[J]. Transportation Research Part E: Logistics and Transportation Review, 2015, 75: 1-17.
[37] Moreno A, Alem D, Ferreira D, et al. An effective two-stage stochastic multi-trip location-transportation model with social concerns in relief supply chains[J]. European Journal of Operational Research, 2018, 269(3): 1050-1071.
[38] Ni W J, Shu J, Song M. Location and emergency inventory pre-positioning for disaster response operations: Min-max robust model and a case study of Yushu earthquake[J]. Production and Operations Management, 2018, 27(1): 160-183.
[39] Lodree E J, Altay N, Cook R A. Staff assignment policies for a mass casualty event queuing network[J]. Annals of Operations Research, 2019, 283(1): 411-442.
[40] Jamali A, Ranjbar A, Heydari J, et al. A multi-objective stochastic programming model to configure a sustainable humanitarian logistics considering deprivation cost and patient severity[J]. Annals of Operations Research, 2022, 319(1): 1265-1300.
[41] Das R, Hanaoka S. An agent-based model for resource allocation during relief distribution[J]. Journal of Humanitarian Logistics and Supply Chain Management, 2014, 4(2): 265-285.
[42] Diedrichs D R, Phelps K, Isihara P A. Quantifying communication effects in disaster response logistics: A multiple network system dynamics model[J]. Journal of Humanitarian Logistics and Supply Chain Management, 2016, 6(1): 24-45.
[43] Cantillo V, Macea L F, Jaller M. Assessing vulnerability of transportation networks for disaster response operations[J]. Networks and Spatial Economics, 2019, 19(1): 243-273.
[44] Yushimito W F, Jaller M, Ukkusuri S. A voronoi-based heuristic algorithm for locating distribution centers in disasters[J]. Networks and Spatial Economics, 2012, 12(1): 21-39.
[45] Pradhananga R, Mutlu F, Pokharel S, et al. An integrated resource allocation and distribution model for pre-disaster planning[J]. Computers and Industrial Engineering, 2016, 91(C): 229-238.
[46] Rivera-Royero D, Galindo G, Yie-Pinedo R. A dynamic model for disaster response considering prioritized demand points[J]. Socio-Economic Planning Sciences, 2016, 55: 59-75.
[47] Serrato-Garcia M A, Mora-Vargas J, Murillo R T. Multi objective optimization for humanitarian logistics operations through the use of mobile technologies[J]. Journal of Humanitarian Logistics and Supply Chain Management, 2016, 6(3): 399-418.
[48] Condeixa L D, Leiras A, Oliveira F, et al. Disaster relief supply pre-positioning optimization: A

risk analysis via shortage mitigation[J]. International Journal of Disaster Risk Reduction, 2017, 25: 238-247.

[49] Chakravarty A K. Humanitarian response to hurricane disasters: Coordinating flood-risk mitigation with fundraising and relief operations[J]. Naval Research Logistics (NRL), 2018, 65(3): 275-288.

[50] Zhu L, Gong Y M, Xu Y S, et al. Emergency relief routing models for injured victims considering equity and priority[J]. Annals of Operations Research, 2019, 283(1): 1573-1606.

[51] Yu L N, Yang H S, Miao L X, et al. Rollout algorithms for resource allocation in humanitarian logistics[J]. IISE Transactions, 2019, 51(8): 887-909.

[52] Yu L N, Zhang C R, Yang H S, et al. Novel methods for resource allocation in humanitarian logistics considering human suffering[J]. Computers & Industrial Engineering, 2018, 119: 1-20.

[53] Chapman A G, Mitchell J E. A fair division approach to humanitarian logistics inspired by conditional value-at-risk[J]. Annals of Operations Research, 2018, 262(1): 133-151.

[54] Biswal A K, Jenamani M, Kumar S K. Warehouse efficiency improvement using RFID in a humanitarian supply chain: Implications for Indian food security system[J]. Transportation Research Part E: Logistics and Transportation Review, 2018, 109: 205-224.

[55] Rivera-Royero D, Galindo G, Yie-Pinedo R. Planning the delivery of relief supplies upon the occurrence of a natural disaster while considering the assembly process of the relief kits[J]. Socio-Economic Planning Sciences, 2020, 69: 100682.

[56] Paul J A, Wang X. Robust location-allocation network design for earthquake preparedness[J]. Transportation Research Part B: Methodological, 2019, 119: 139-155.

[57] Hu S L, Dong Z S. Supplier selection and pre-positioning strategy in humanitarian relief[J]. Omega, 2019, 83: 287-298.

[58] Fard M K, Eftekhar M, Papier F. An approach for managing operating assets for humanitarian development programs[J]. Production and Operations Management, 2019, 28(8): 2132-2151.

[59] Wang X H, Fan Y, Liang L, et al. Augmenting fixed framework agreements in humanitarian logistics with a bonus contract[J]. Production and Operations Management, 2019, 28(8): 1921-1938.

[60] Gutjahr W J, Fischer S. Equity and deprivation costs in humanitarian logistics[J]. European Journal of Operational Research, 2018, 270(1): 185-197.

[61] Sakiani R, Seifi A, Khorshiddoust R R. Inventory routing and dynamic redistribution of relief goods in post-disaster operations[J]. Computers & Industrial Engineering, 2020, 140: 106219.

[62] Chang Y B, Song Y J, Eksioglu B. A stochastic look-ahead approach for hurricane relief logistics operations planning under uncertainty[J]. Annals of Operations Research, 2022, 319(1): 1231-1263.

[63] Diehlmann F, Lüttenberg M, Verdonck L, et al. Public-private collaborations in emergency logistics: A framework based on logistical and game-theoretical concepts[J]. Safety Science, 2021, 141: 105301.

[64] Zhang X Y, Yu X B, Wu X J. Exponential rank differential evolution algorithm for disaster emergency vehicle path planning[J]. IEEE Access, 2021, 9: 10880-10892.

[65] Chakravarty A K. Humanitarian response to disasters with funding uncertainty: Alleviating deprivation with bridge finance[J]. Production and Operations Management, 2021, 30(9): 3284-3296.

[66] Ismail I. A possibilistic mathematical programming model to control the flow of relief commodities in humanitarian supply chains[J]. Computers & Industrial Engineering, 2021, 157: 107305.

[67] Malmir B, Zobel C W. An applied approach to multi-criteria humanitarian supply chain planning for pandemic response[J]. Journal of Humanitarian Logistics and Supply Chain Management, 2021, 11(2): 320-346.

[68] Pineda-Martinez O L, Paternina-Arboleda C D, García-Llinás G A. Two-stage humanitarian logistics deprivation model for the planning of scarce KN-95 facemask supplies under agent's cooperation[J]. Journal of Advanced Transportation, 2021(1): 6638266.

[69] Yu L N, Zhang C R, Jiang J Y, et al. Reinforcement learning approach for resource allocation in humanitarian logistics[J]. Expert Systems with Applications, 2021, 173: 114663.

[70] Zhang L L, Cui N. Pre-positioning facility location and resource allocation in humanitarian relief operations considering deprivation costs[J]. Sustainability, 2021, 13(8): 4141.

[71] Diehlmann F, Hiemsch P S, Wiens M, et al. Including decision-makers preferences in the cost-deprivation trade-off during disaster interventions[J]. Journal of Engineering, Design and Technology, 2022, 20(2): 543-565.

[72] Giedelmann L N, Guerrero W J, Solano-Charris E L. On the emergency water distribution problem: Optimizing vehicle routing decisions with deprivation costs considerations[J]. IFAC-PapersOnLine, 2022, 55(10): 3166-3171.

[73] Lima F S, Dávalos R V, Campos L M S, et al. Framework proposal to support the suppliers' selection of humanitarian assistance items: A flood case study in Brazil[J]. Annals of Operations Research, 2022, 315(1): 317-340.

[74] Sun H L, Li J M, Wang T S, et al. A novel scenario-based robust bi-objective optimization model for humanitarian logistics network under risk of disruptions[J]. Transportation Research Part E: Logistics and Transportation Review, 2022, 157: 102578.

[75] Fan Y, Shao J F, Wang X H. Relief items procurement and delivery through cooperation with suppliers and logistics companies considering budget constraints[J]. International Journal of Production Economics, 2023, 264: 108975.

[76] Leyla F, Majid S, Hossein N. A location-inventory-distribution model under gradual injection of pre-disaster budgets with application in disaster relief logistics: A case study[J]. Soft Computing, 2023, 28(3): 2125-2159.

[77] Guo P H, Zhu J J. Capacity reservation for humanitarian relief: A logic-based benders decomposition method with subgradient cut[J]. European Journal of Operational Research, 2023, 311(3): 942-970.

[78] Liao H Y, Holguín-Veras J, Calderón O. Comparative analysis of the performance of humanitarian logistic structures using agent-based simulation[J]. Socio-Economic Planning Sciences, 2023, 90: 101751.

[79] Liu T X, Li J, Wang X H. Enhancing the cost performance in regular humanitarian logistics: Location-routing and delivery frequency optimization[J]. Flexible Services and Manufacturing Journal, 2024, 36(3): 1157-1185.

[80] Shao J F, Fan Y, Wang X H, et al. Designing a new framework agreement in humanitarian logistics based on deprivation cost functions[J]. International Journal of Production Economics, 2023, 256: 108744.

[81] Fan Y, Shao J F, Wang X H, et al. Contract design between relief organisations and private-sector vendors: A humanitarian logistics framework[J]. Transportation Research Part E: Logistics and Transportation Review, 2024, 182: 103395.

[82] Sarid A S, Glynn P W, Tzur M. Power distribution in developing countries: Planning for effectiveness and equity[J]. Omega, 2024, 123: 102976.

[83] Holguín-Veras J, Jaller M. Immediate resource requirements after hurricane katrina[J]. Natural Hazards Review, 2012, 13(2): 117-131.

[84] Laitila T. Economic valuation with stated preference techniques: A manual[J]. Ecological Economics, 2004, 50(1/2): 155-156.

[85] Hensher D A. Hypothetical bias, choice experiments and willingness to pay[J]. Transportation Research Part B: Methodological, 2010, 44(6): 735-752.

[86] Bosworth R, Taylor L O. Hypothetical bias in choice experiments: Is cheap talk effective at eliminating bias on the intensive and extensive margins of choice?[J]. The BE Journal of Economic Analysis & Policy, 2012, 12(1): 1-28.

[87] Fifer S, Rose J, Greaves S. Hypothetical bias in stated choice experiments: Is it a problem? And if so, how do we deal with it?[J]. Transportation Research Part A: Policy and Practice, 2014, 61: 164-177.

[88] Eriksson K, Wikström L, Årestedt K, et al. Numeric rating scale: Patients' perceptions of its use in postoperative pain assessments[J]. Applied Nursing Research, 2014, 27(1): 41-46.

[89] Hartrick C T, Kovan J P, Shapiro S. The numeric rating scale for clinical pain measurement: A ratio measure?[J]. Pain Practice, 2003, 3(4): 310-316.

[90] van Dijk J F M, van Wijck A J M, Kappen T H, et al. Postoperative pain assessment based on numeric ratings is not the same for patients and professionals: A cross-sectional study[J]. International Journal of Nursing Studies, 2012, 49(1): 65-71.

[91] Kroes E P, Sheldon R J. Stated preference methods: An introduction[J]. Journal of Transport Economics and Policy, 1988, 22(1): 11-25.

[92] Bech M, Gyrd-Hansen D, Kjaer T, et al. Graded pairs comparison - does strength of preference matter? Analysis of preferences for specialised nurse home visits for pain management[J]. Health Economics, 2007, 16(5): 513-529.

[93] Magat W A, Kip Viscusi W, Huber J. Paired comparison and contingent valuation approaches to morbidity risk valuation[J]. Journal of Environmental Economics and Management, 1988, 15(4): 395-411.

[94] Green P E, Krieger A M, Wind Y. Thirty years of conjoint analysis: Reflections and prospects[J]. Interfaces, 2001, 31(3_supplement): S56-S73.

[95] Orme B K. Getting Started with Conjoint Analysis: Strategies for Product Design and Pricing Research[M]. Madison: Research Publishers LLC, 2006.

[96] Bateman I, Transport G B D F. Economic Valuation with Stated Preference Techniques: A Manual[M]. Cheltenham: Edward Elgar, 2002.

[97] Watson D, Clark L A, Tellegen A. Development and validation of brief measures of positive and negative affect: The PANAS scales[J]. Journal of Personality and Social Psychology, 1988, 54(6): 1063-1070.

[98] Hjermstad M J, Fayers P M, Haugen D F, et al. Studies comparing numerical rating scales, verbal rating scales, and visual analogue scales for assessment of pain intensity in adults: A systematic literature review[J]. Journal of Pain and Symptom Management, 2011, 41(6): 1073-1093.

[99] Max M B. Quality improvement guidelines for the treatment of acute pain and cancer pain[J]. Jama, 1995, 274(23): 1874-1880.

[100] Barnason S, Zimmerman L, Nieveen J. The effects of music interventions on anxiety in the patient after coronary artery bypass grafting[J]. Heart & Lung, 1995, 24(2): 124-132.

[101] Feng Y, Parkin D, Devlin N J. Assessing the performance of the EQ-VAS in the NHS PROMs programme[J]. Quality of Life Research, 2014, 23(3): 977-989.

[102] Jensen M P, Turner J A, Romano J M. What is the maximum number of levels needed in pain intensity measurement?[J]. Pain, 1994, 58(3): 387-392.

[103] Myles P S, Troedel S, Boquest M, et al. The pain visual analog scale: Is it linear or nonlinear?[J]. Anesthesia and Analgesia, 1999, 89(6): 1517-1520.

[104] Williamson A, Hoggart B. Pain: A review of three commonly used pain rating scales[J]. Journal of Clinical Nursing, 2005, 14(7): 798-804.

[105] Skovlund E, Bretthauer M, Grotmol T, et al. Sensitivity of pain rating scales in an endoscopy trial[J]. The Clinical Journal of Pain, 2005, 21(4): 292-296.

[106] Lin Y H, Batta R, Rogerson P A, et al. A logistics model for emergency supply of critical items in the aftermath of a disaster[J]. Socio-Economic Planning Sciences, 2011, 45(4): 132-145.

[107] Van Wassenhove L, Martinez A P, Stapleton O. An analysis of the relief supply chain in the first week after the Haiti earthquake[R]. Paris: INSEAD Humanitarian Research Group, 2010.

[108] Nolz P C, Semet F, Doerner K F. Risk approaches for delivering disaster relief supplies[J]. OR Spectrum, 2011, 33(3): 543-569.

[109] Wang H J, Du L J, Ma S H. Multi-objective open location-routing model with split delivery for optimized relief distribution in post-earthquake[J]. Transportation Research Part E: Logistics and Transportation Review, 2014, 69: 160-179.

[110] Huang M, Smilowitz K, Balcik B. Models for relief routing: Equity, efficiency and efficacy[J]. Transportation Research Part E: Logistics and Transportation Review, 2012, 48(1): 2-18.

[111] Karsu Ö, Morton A. Inequity averse optimization in operational research[J]. European Journal of Operational Research, 2015, 245(2): 343-359.

[112] Jabbarzadeh A, Fahimnia B, Seuring S. Dynamic supply chain network design for the supply of blood in disasters: A robust model with real world application[J]. Transportation Research Part

E: Logistics and Transportation Review, 2014, 70: 225-244.

[113] Sheu J B, Pan C. A method for designing centralized emergency supply network to respond to large-scale natural disasters[J]. Transportation Research Part B: Methodological, 2014, 67: 284-305.

[114] Rawls C G, Turnquist M A. Pre-positioning planning for emergency response with service quality constraints[J]. OR Spectrum, 2011, 33(3): 481-498.

[115] Rath S, Gutjahr W J. A math-heuristic for the warehouse location–routing problem in disaster relief[J]. Computers & Operations Research, 2014, 42: 25-39.

[116] Rennemo S J, Kristina Fougner R, Hvattum L M, et al. A three-stage stochastic facility routing model for disaster response planning[J]. Transportation Research Part E: Logistics and Transportation Review, 2014, 62: 116-135.

[117] Noham R, Tzur M. Design and incentive decisions to increase cooperation in humanitarian relief networks[J]. IISE Transactions, 2020, 52(12): 1297-1311.

[118] Bleichrodt H, Quiggin J. Life-cycle preferences over consumption and health: When is cost-effectiveness analysis equivalent to cost-benefit analysis?[J]. Journal of Health Economics, 1999, 18(6): 681-708.

[119] Shao J F, Wang X H, Liang C Y, et al. Research progress on deprivation costs in humanitarian logistics[J]. International Journal of Disaster Risk Reduction, 2020, 42: 101343.

[120] 樊彧. 应急物流数学规划模型框架的构建和改进：基于受灾者的角度[D]. 合肥：中国科学技术大学，2021.

[121] Gupta S, Starr M K, Farahani R Z, et al. Disaster management from a POM perspective: Mapping a new domain[J]. Production and Operations Management, 2016, 25(10): 1611-1637.

[122] Martinez A J P, Stapleton O, Van Wassenhove L N. Field vehicle fleet management in humanitarian operations: A case-based approach[J]. Journal of Operations Management, 2011, 29(5): 404-421.

[123] 搜狐网. 河北唐山玉田县应急管理局与多家单位签订应急物资紧急供应协议[EB/OL]. [2025-03-05].

[124] 邵建芳. 自然灾害生活类应急物资需求测算和储备策略研究[D]. 合肥：合肥工业大学，2021.

[125] Liu Y, Tian J, Feng G Z, et al. A relief supplies purchasing model via option contracts[J]. Computers & Industrial Engineering, 2019, 137: 106009.

[126] Hu Z Q, Tian J, Feng G Z. A relief supplies purchasing model based on a put option contract[J]. Computers & Industrial Engineering, 2019, 127: 253-262.

[127] Liu Y, Tian J, Feng G Z. Pre-positioning strategies for relief supplies in a relief supply chain[J]. Journal of the Operational Research Society, 2022, 73(7): 1457-1473.

[128] 刘阳，田军，冯耕中. 基于数量柔性契约与 Markov 链的应急物资采购模型[J]. 系统工程理论与实践，2020，40(1)：119-133.

[129] 扈衷权，田军，冯耕中. 基于期权采购的政企联合储备应急物资模型[J]. 系统工程理论与实践，2018，38(8)：2032-2044.

[130] 张琳，田军，杨瑞娜，等. 数量柔性契约中的应急物资采购定价策略研究[J]. 系统工程理

论与实践, 2016, 36(10): 2590-2600.

[131] 扈衷权, 田军, 冯耕中. 基于数量柔性契约的双源应急物资采购定价模型[J]. 中国管理科学, 2019, 27(12): 100-112.

[132] 张琳, 李孟涛, 田军. 考虑灾后现货市场采购的应急物资供应协议企业实物与原材料储备策略研究[J]. 系统工程理论与实践, 2022, 42(4): 1001-1012.

[133] 扈衷权, 田军, 冯耕中, 等. 协议企业代储模式下应急物资储备策略及采购定价研究[J]. 系统工程理论与实践, 2020, 40(3): 605-616.

[134] Zhang L, Tian J, Fung R Y K, et al. Materials procurement and reserves policies for humanitarian logistics with recycling and replenishment mechanisms[J]. Computers & Industrial Engineering, 2019, 127: 709-721.

[135] 刘阳, 田军, 冯耕中, 等. 考虑补贴约束的应急设备储备系统激励模型[J]. 系统工程理论与实践, 2019, 39(9): 2330-2344.

[136] 高晓宁, 田军, 冯耕中. 政府委托下应急物资生产能力代储系统激励契约设计[J]. 管理工程学报, 2019, 33(1): 182-188.

[137] Balcik B, Beamon B M. Facility location in humanitarian relief[J]. International Journal of Logistics Research and Applications, 2008, 11(2): 101-121.

[138] Balcik B, Ak D. Supplier selection for framework agreements in humanitarian relief[J]. Production and Operations Management, 2014, 23(6): 1028-1041.

[139] Ertem M A, Buyurgan N, Pohl E A. Using announcement options in the bid construction phase for disaster relief procurement[J]. Socio-Economic Planning Sciences, 2012, 46(4): 306-314.

[140] Ertem M A, Buyurgan N, Rossetti M D. Multiple-buyer procurement auctions framework for humanitarian supply chain management[J]. International Journal of Physical Distribution & Logistics Management, 2010, 40(3): 202-227.

[141] Gossler T, Wakolbinger T, Nagurney A, et al. How to increase the impact of disaster relief: A study of transportation rates, framework agreements and product distribution[J]. European Journal of Operational Research, 2019, 274(1): 126-141.

[142] 国务院办公厅. 国务院办公厅关于印发突发事件应急预案管理办法的通知[EB/OL].[2013-10-25].https://www.gov.cn/zwgk/2013-11/08/content_2524119.htm.

[143] Barbaro M, Gillis J. Wal-Mart at forefront of hurricane relief[N]. Washington Post, 2005-09-06(D01).

[144] Ward A. Home depot prepares for Katrina[N]. Financial Times, 2005-08-29(18).

[145] Su Y, Lu J, Shi D. Incentive contract in supply chain based on control of cash flow[J]. International Journal of Advancements in Computing Technology, 2012, 4（18）: 115-121.

[146] Yao Y L, Dong Y, Dresner M. Managing supply chain backorders under vendor managed inventory: An incentive approach and empirical analysis[J]. European Journal of Operational Research, 2010, 203(2): 350-359.

[147] Young H P. Equity: In Theory and Practice[M]. Princeton:Princeton University Press, 1995.

[148] Dufour É, Laporte G, Paquette J, et al. Logistics service network design for humanitarian response in East Africa[J]. Omega, 2018, 74: 1-14.

[149] De Vries H, Van Wassenhove L N. Do optimization models for humanitarian operations need a

paradigm shift?[J]. Production and Operations Management, 2020, 29(1): 55-61.
[150] Khorsi M, Chaharsooghi S K, Kashan A H, et al. Pareto-based grouping meta-heuristic algorithm for humanitarian relief logistics with multistate network reliability[J]. OR Spectrum, 2021, 43(2): 327-365.
[151] Ghasemi P, Khalili-Damghani K. A robust simulation-optimization approach for pre-disaster multi-period location–allocation–inventory planning[J]. Mathematics and Computers in Simulation, 2021, 179: 69-95.
[152] Oruc B E, Kara B Y. Post-disaster assessment routing problem[J]. Transportation Research Part B: Methodological, 2018, 116: 76-102.
[153] Moreno A, Alem D, Ferreira D. Heuristic approaches for the multiperiod location-transportation problem with reuse of vehicles in emergency logistics[J]. Computers & Operations Research, 2016, 69: 79-96.
[154] Arslan O, Kumcu G Ç, Kara B Y, et al. The location and location-routing problem for the refugee camp network design[J]. Transportation Research Part B: Methodological, 2021, 143: 201-220.
[155] Yi W, Özdamar L. A dynamic logistics coordination model for evacuation and support in disaster response activities[J]. European Journal of Operational Research, 2007, 179(3): 1177-1193.
[156] Moshref-Javadi M, Lee S. The latency location-routing problem[J]. European Journal of Operational Research, 2016, 255(2): 604-619.
[157] Cherkesly M, Rancourt M È, Smilowitz K R. Community healthcare network in underserved areas: Design, mathematical models, and analysis[J]. Production and Operations Management, 2019, 28(7): 1716-1734.
[158] Wei X W, Qiu H X, Wang D J, et al. An integrated location-routing problem with post-disaster relief distribution[J]. Computers & Industrial Engineering, 2020, 147: 106632.
[159] Peng Z X, Wang C, Xu W Q, et al. Research on location-routing problem of maritime emergency materials distribution based on bi-level programming[J]. Mathematics, 2022, 10(8): 1243.
[160] Vahdani B, Veysmoradi D, Noori F, et al. Two-stage multi-objective location-routing-inventory model for humanitarian logistics network design under uncertainty[J]. International Journal of Disaster Risk Reduction, 2018, 27: 290-306.
[161] Balcik B, Beamon B M, Smilowitz K. Last mile distribution in humanitarian relief[J]. Journal of Intelligent Transportation Systems, 2008, 12(2): 51-63.
[162] Tavana M, Abtahi A R, Di Caprio D, et al. An integrated location-inventory-routing humanitarian supply chain network with pre- and post-disaster management considerations[J]. Socio-Economic Planning Sciences, 2018, 64: 21-37.
[163] Ghasemi P, Goodarzian F, Abraham A. A new humanitarian relief logistic network for multi-objective optimization under stochastic programming[J]. Applied Intelligence, 2022, 52(12): 13729-13762.
[164] Castañeda O J M. Making HPV vaccines efficient: Cost-effectiveness analysis and the economic assemblage of healthcare in colombia[J]. Science & Technology Studies, 2018,

31(2): 2-18.

[165] Engström A, Isaksson M, Javid R, et al. A case study of cost-benefit analysis in occupational radiological protection within the healthcare system of Sweden[J]. Journal of Applied Clinical Medical Physics, 2021, 22(10): 295-304.

[166] Wilcox M E, Vaughan K, Chong C A K Y, et al. Cost-effectiveness studies in the ICU: A systematic review[J]. Critical Care Medicine, 2019, 47(8): 1011-1017.

[167] Wang X H, Liu T X, Fan Y, et al. Cost-effectiveness optimization for a location-routing problem in humanitarian logistics[J]. International Journal of Shipping and Transport Logistics, 2024, 19(1): 1-35.

[168] Ahmadi M, Seifi A, Tootooni B. A humanitarian logistics model for disaster relief operation considering network failure and standard relief time: A case study on San Francisco district[J]. Transportation Research Part E: Logistics and Transportation Review, 2015, 75: 145-163.

[169] Park C H, Lim H. A parametric approach to integer linear fractional programming: Newton's and Hybrid-Newton methods for an optimal road maintenance problem[J]. European Journal of Operational Research, 2021, 289(3): 1030-1039.

[170] 葛洪磊, 刘南. 复杂灾害情景下应急资源配置的随机规划模型[J]. 系统工程理论与实践, 2014, 34(12): 3034-3042.

[171] Zhou Y W, Liu J, Zhang Y T, et al. A multi-objective evolutionary algorithm for multi-period dynamic emergency resource scheduling problems[J]. Transportation Research Part E: Logistics and Transportation Review, 2017, 99: 77-95.

[172] 段倩倩, 白鹏飞, 张小咏, 等. 协同视角下多级救灾物资储备体系中的储备库选址模型[J]. 数学的实践与认识, 2018, 48(21): 141-148.

[173] 蔡冬雪, 朱建明, 王国庆. 基于情景分析的应急装备多层级协同布局问题研究[J]. 中国管理科学, 2017, 25(10): 72-79.

[174] Arora H, Raghu T S, Vinze A. Resource allocation for demand surge mitigation during disaster response[J]. Decision Support Systems, 2010, 50(1): 304-315.

[175] 张得志, 乔馨, 李双艳, 等. 考虑多重覆盖的应急设施多级协同布局鲁棒优化[J]. 控制与决策, 2022, 37(7): 1853-1861.

[176] 付德强, 陈子豪, 寨洁, 等. 应急联动区域下选址分配协同优化模型研究[J]. 数学的实践与认识, 2019, 49(6): 30-41.

[177] Besiou M, Van Wassenhove L N. Addressing the challenge of modeling for decision-making in socially responsible operations[J]. Production and Operations Management, 2015, 24(9): 1390-1401.

[178] Drakaki M, Gören H G, Tzionas P. An intelligent multi-agent based decision support system for refugee settlement siting[J]. International Journal of Disaster Risk Reduction, 2018, 31: 576-588.

[179] Takabatake T, Shibayama T, Esteban M, et al. Simulated tsunami evacuation behavior of local residents and visitors in Kamakura, Japan[J]. International Journal of Disaster Risk Reduction, 2017, 23: 1-14.

[180] Wang Z L, Zhang J H. Agent-based evaluation of humanitarian relief goods supply

capability[J]. International Journal of Disaster Risk Reduction, 2019, 36: 101105.

[181] 王妍妍, 孙佰清. 多受灾点应急物资动态多阶段分配模型研究[J]. 中国管理科学, 2019, 27(10): 138-147.

[182] Chi H, Li J L, Shao X Y, et al. Timeliness evaluation of emergency resource scheduling[J]. European Journal of Operational Research, 2017, 258(3): 1022-1032.

附　　录

（一）匮乏成本调研问卷

灾民对救援物资等待时间的满意度调查

您好！非常感谢您愿意参加我们的调查！此次调查旨在研究时间因素在灾害应急管理过程中的重要性，从而进一步研究如何提高我国救灾绩效和效率。

此次调查主要包括两个部分：个人信息和主观调查，填写此问卷将会占用您 10min 左右的时间。我们向您保证，此次调查是完全匿名的，您的回答将会被严格保密，仅用于科学研究。

请您仔细阅读每个问题，并按照提示真实作答。谢谢！

指导语：

一、请在每一个问题后适合自己的答案处打钩，或在横线处写出答案；

二、若无特殊说明，一个问题只能选择一个答案；

三、填写问卷时，请独立填答，不要与他人商量；

四、请您按顺序填写问卷。填写完毕后，请检查是否有遗漏。

问题与回答方式：

第一部分：个人信息

1. 请勾选您的性别[单选题]

○男

○女

2. 请填写您的年龄[填空题]

_____

3. 请勾选您的个人月收入（元）[单选题]

○1000 以下

○1000～3000（含）

○3000～6000（含）

○6000～10 000

○10 000 以上

4. 请勾选您的受教育程度[单选题]

○高中以下

○高中及专科

○本科

○研究生

5. 请问您是否经历过灾害[单选题]

○是

○否

6. 若您经历过灾害，您在灾害中所处的角色是（基于上题的选择"否"可不作答）[单选题]

○受灾群众

○一线救援人员

○政府救灾管理人员

○其他

第二部分：主观调查

请认真阅读假设背景后，按顺序答题。

假设您所在的地区发生了一场灾难，您身上只有一些钱。目前没有可用的水、食物和帐篷，危机预计至少还会持续几天。我们将向您展示三种情况，您必须决定各种情况下支付多少费用购买相应的生活物资（水、帐篷、食物）。

1. 假设您只有 2000 元，而一瓶 500ml 的饮用水价格为 2 元，如果此时您已经有一段时间未饮水，请问您愿意花费多少钱换取这瓶饮用水？这瓶饮用水仅供您一人饮用。

上次喝水在 4h 之前[填写 0（单位：元）到 2000（单位：元）的数字]

_____

上次喝水在 48h 之前[填写 0（单位：元）到 2000（单位：元）的数字]

_____

上次喝水在 16h 之前[填写 0（单位：元）到 2000（单位：元）的数字]

_____

上次喝水在 24h 之前[填写 0（单位：元）到 2000（单位：元）的数字]

_____

上次喝水在 8h 之前[填写 0（单位：元）到 2000（单位：元）的数字]

_____

2. 假设您只有 2000 元，而一个仅供一人居住的帐篷价格为 100 元，如果此时您已经无家可归一段时间，请问您愿意花费多少钱换取这个帐篷？这个帐篷仅供您一人使用。

已经无家可归 1 天[填写 0（单位：元）到 2000（单位：元）的数字]

_____

已经无家可归 10 天[填写 0（单位：元）到 2000（单位：元）的数字]

_____

已经无家可归 4 天[填写 0（单位：元）到 2000（单位：元）的数字]

_____

已经无家可归 2 天[填写 0（单位：元）到 2000（单位：元）的数字]

_____

已经无家可归 7 天[填写 0（单位：元）到 2000（单位：元）的数字]

_____

3. 假设您只有 2000 元，而一袋 375g 的自热米饭价格为 10 元，如果此时您已经饿了一段时间，请问您愿意花费多少钱换取这袋自热米饭？这袋自热米饭仅供您一人食用。

已经 1 天没有吃饭[填写 0（单位：元）到 2000（单位：元）的数字]

_____

已经 10 天没有吃饭[填写 0（单位：元）到 2000（单位：元）的数字]

_____

已经 4 天没有吃饭[填写 0（单位：元）到 2000（单位：元）的数字]

_____

已经 2 天没有吃饭[填写 0（单位：元）到 2000（单位：元）的数字]

_____

已经 7 天没有吃饭[填写 0（单位：元）到 2000（单位：元）的数字]

_____

感谢您对应急物流的支持！

（二）匮乏水平调研问卷

救援物资供给的时间因素在救援行动中的重要性调查

您好！非常感谢您愿意参加我们的调查！此次调查旨在研究灾害应急过程中物资供给时间因素的重要性，从而进一步研究如何提高我国救灾绩效和效率。

此次调查主要包括两个部分：个人信息和主观调查，填写此问卷将会占用您

10min 左右的时间。我们向您保证，此次调查是完全匿名的，您的回答将会被严格保密，仅用于科学研究。如果您对我们的研究或者此次调查的结果感兴趣，请留下您的联系方式，我们会将结果报告发送给您。

请您仔细阅读每个问题，并按照提示真实作答。谢谢！

指导语：

一、请在每一个问题后适合自己的答案处打钩，或在横线处写出答案；

二、若无特殊说明，一个问题只能选择一个答案；

三、填写问卷时，请独立填答，不要与他人商量；

四、请您按顺序填写问卷。填写完毕后，请检查是否有遗漏。

问题与回答方式：

第一部分：个人信息

1. 请勾选您的性别[单选题]
○男
○女

2. 请填写您的年龄[填空题]

_____

3. 请勾选您的受教育程度[单选题]
○高中以下
○高中及专科
○本科
○研究生

4. 请问您是否经历过灾害[单选题]
○是
○否

5. 您或您的家人在经历灾害的过程中有没有受伤、生病的经历（基于第 4 题的选择"否"可不作答）[单选题]
○有
○没有

6. 若您经历过灾害，您在灾害中所处的角色是（基于第 4 题的选择"否"可不作答）[单选题]
○受灾群众
○一线救援人员
○政府救灾管理人员
○其他

第二部分：主观调查

1. 在灾害救援行动中，您认为灾后等待救援物资的时间越短越好吗？
① 极其不赞同；② 不赞同；③ 不确定；④ 赞同；⑤ 极其赞同；

2. 在灾害救援行动中，灾后等待救援物资的时间长短是评价救灾行动好坏的重要标准吗？
① 极其不赞同；② 不赞同；③ 不确定；④ 赞同；⑤ 极其赞同；

3. 在灾害救援行动中，您认为受灾群众等待物资的时间越长，救援行动越差吗？
① 极其不赞同；② 不赞同；③ 不确定；④ 赞同；⑤ 极其赞同；

4. 在灾害救援行动中，受灾群众等待物资的时间长短对于救灾行动来说不重要？
① 极其不赞同；② 不赞同；③ 不确定；④ 赞同；⑤ 极其赞同；

5. 在救援行动中，若救援物资迟迟不到，您对整个救援行动的评价是？
① 极其不满意；② 不满意；③ 不确定；④ 满意；⑤ 极其满意；

6. 根据您对救援行动的评价，用数字对下列三种救援物资供给情况进行排序："1"表示您认为该情况为下列三种情况中相比较最好的；"3"表示您认为该情况为下列三种情况中相比较最令您不满的；"2"表示该情况介于最好和最差之间。（请在三种情况前面的横线上填写数字）
_____灾后第 3 天开始提供救援物资；
_____灾后第 7 天开始提供救援物资；
_____灾后第 15 天提供救援物资；

7. 请问"灾后第 3 天提供帐篷"这一情况比"灾后第 1 天提供帐篷"令你
_____
① 极其不满意；② 很不满意；③ 不满意；④ 不确定；⑤ 满意；⑥ 很满意；⑦ 非常满意；

8. 请问"灾后第 3 天提供食物"这一情况比"灾后第 1 天提供食物"令你
_____
① 极其不满意；② 很不满意；③ 不满意；④ 不确定；⑤ 满意；⑥ 很满意；⑦ 非常满意；

9. 请问"灾后第 7 天提供帐篷"这一情况比"灾后第 3 天提供帐篷"令你
_____
① 极其不满意；② 很不满意；③ 不满意；④ 不确定；⑤ 满意；⑥ 很满意；⑦ 非常满意；

10. 请问"灾后第 7 天提供食物"这一情况比"灾后第 3 天提供食物"令你
_____

① 极其不满意；② 很不满意；③ 不满意；④ 不确定；⑤ 满意；⑥ 很满意；⑦ 非常满意；

11. 请问"灾后第 15 天提供帐篷"这一情况比"灾后第 7 天提供帐篷"令你_____

① 极其不满意；② 很不满意；③ 不满意；④ 不确定；⑤ 满意；⑥ 很满意；⑦ 非常满意；

12. 请问"灾后第 15 天提供食物"这一情况比"灾后第 7 天提供食物"令你_____

① 极其不满意；② 很不满意；③ 不满意；④ 不确定；⑤ 满意；⑥ 很满意；⑦ 非常满意；

13. 请问"灾后第 3 天提供食物"这一情况比"灾后第 3 天提供帐篷"令你_____

① 极其不满意；② 很不满意；③ 不满意；④ 不确定；⑤ 满意；⑥ 很满意；⑦ 非常满意；

14. 请问"灾后第 7 天提供食物"这一情况比"灾后第 7 天提供帐篷"令你_____

① 极其不满意；② 很不满意；③ 不满意；④ 不确定；⑤ 满意；⑥ 很满意；⑦ 非常满意；

15. 请问"灾后第 15 天提供食物"这一情况比"灾后第 15 天提供帐篷"令你_____

① 极其不满意；② 很不满意；③ 不满意；④ 不确定；⑤ 满意；⑥ 很满意；⑦ 非常满意；

16. 请根据您个人的看法，给下列三种物资供应方式的**不满意度**在 1～10 范围内进行打分，分数越高表示越不满意，10 表示十分不满意！

_____灾后第 3 天提供帐篷 ① ② ③ ④ ⑤ ⑥ ⑦ ⑧ ⑨ ⑩

_____灾后第 7 天提供帐篷 ① ② ③ ④ ⑤ ⑥ ⑦ ⑧ ⑨ ⑩

_____灾后第 15 天提供帐篷 ① ② ③ ④ ⑤ ⑥ ⑦ ⑧ ⑨ ⑩

17. 请根据您个人的看法，给下列三种物资供应方式的**不满意度**在 1～10 范围内进行打分，分数越高表示越不满意，10 表示十分不满意！

_____灾后第 3 天提供食物 ① ② ③ ④ ⑤ ⑥ ⑦ ⑧ ⑨ ⑩

_____灾后第 7 天提供食物 ① ② ③ ④ ⑤ ⑥ ⑦ ⑧ ⑨ ⑩

_____灾后第 15 天提供食物 ① ② ③ ④ ⑤ ⑥ ⑦ ⑧ ⑨ ⑩